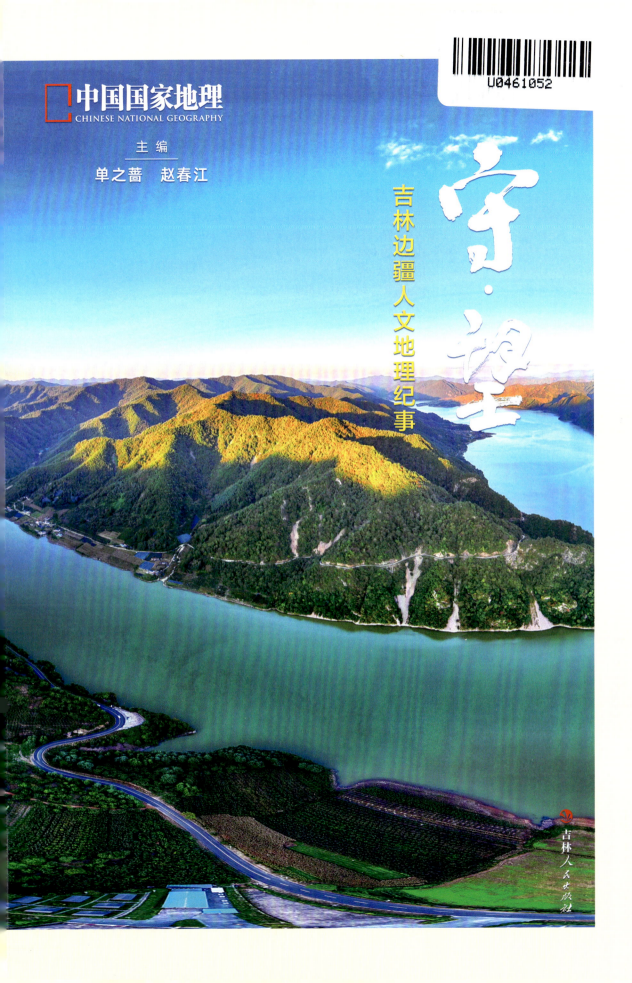

中国国家地理
CHINESE NATIONAL GEOGRAPHY

主 编
单之蔷　赵春江

守·望

吉林边疆人文地理纪事

吉林人民出版社

图书在版编目（CIP）数据

守·望：吉林边疆人文地理纪事 / 单之蔷, 赵春江
主编. -- 长春：吉林人民出版社，2024.9. -- ISBN
978-7-206-21486-8

Ⅰ. K293.4-53

中国国家版本馆CIP数据核字第202449X1H3号

出品人：常　宏
总策划：吴文阁

守·望——吉林边疆人文地理纪事

SHOU·WANG——JILIN BIANJIANG RENWEN DILI JISHI

主　编：单之蔷　赵春江

责任编辑：郭雪飞　王　静　李　爽

特约审读：慈国敬　地图编审：徐志强　苏　敬　张金磊

责任校对：衣　兵　郝晨宇

封面摄影：赵春江　刘载学　封面题字：李　鹏

装帧设计：宁荣刚　封面设计：李　媛

出版发行：吉林人民出版社（长春市人民大街7548号　邮政编码：130022）

咨询电话：0431-85378007

印　　刷：吉林省吉广国际广告股份有限公司

开　　本：720mm×1000mm　1/16

印　　张：11.625　字　数：300千字

标准书号：ISBN 978-7-206-21486-8

审图号：GS吉（2024）240号

版　　次：2024年9月第1版　印　次：2024年12月第2次印刷

定　　价：68.00元

编委会

主 任

李栓科

委 员

于　强　鲍盛华　赵春江　李德山

王　杰　孙洪军　常　宏　吴文阁

图文支持

《中国国家地理》杂志社

统筹指导

吉林东北亚出版传媒集团有限公司

推荐单之蔷、赵春江主编的《守·望——吉林边疆人文地理纪事》这本好书。细细阅读了各位专家的文章，扼腕叹息，发人深思。

清康熙年间，在两次雅克萨之战击退沙俄军队入侵后，1689年9月7日中俄两国谈判签订了第一个边界条约——《尼布楚条约》，其内容基本上体现了和平共处的原则，为中俄边境地区带来了160多年的和平。但《尼布楚条约》签订后，清政府放松了警惕，没有加强边防和边境治理，给背信弃义、野心膨胀的沙俄以可乘之机，不断蚕食中国领土。1853年4月，沙皇下令侵占库页岛（当时中国的第一大岛，是台湾岛面积的2倍）。1858年《瑷珲条约》签订，将黑龙江以北、外兴安岭以南约60万平方公里的中国领土割让给沙俄，将乌苏里江以东约40万平方公里土地划为中俄"共管"，包括海参崴（是进入太平洋的天然良港）。1860年11月14日，当钦差大臣恭亲王奕䜣在《中俄北京条约》上签字的那一刻，吉林的海岸线就从此消失了，吉林（吉林将军辖区）从原来拥有约75万平方公里面积、约5000公里海岸线的中国第一沿海大省，变为距海最近（最近处约3.5公里）的中等内陆省，真是"望洋兴叹"啊！这是中华民族的奇耻大辱！而强盗穆拉维约夫们几乎没用一枪一弹，用的是野心、阴谋和讹诈！根本原因是晚清政府的腐败无能、闭关锁国、缺乏海洋意识，任由西方列强宰割，而吉林将军们加上黑龙江将军们没有忠于职守、捍卫领土，居然不抵一个穆拉维约夫！吴大澂等收复国土的民族英雄们永垂不朽！

不忘历史，是为了绝不让历史悲剧重演。今天的中国，在中国共产党坚强领导下，坚定不移走中国特色社会主义道路，是自强自信自立的世界大国，正奋力以中国式现代化全面推进强国建设、民族复兴伟业。国土对今天的中国人来说不是抽象的概念，而是非常具体现实的，必须兴边富民，稳边固边。我们要坚持进一步全面深化改革和开放，奋力推动吉林全面振兴取得新突破。

古　树

2024 年 9 月 7 日

（中俄《尼布楚条约》签订 335 周年）

守·望

吉林随想

撰文 / 单之蔷

本书中我的文章《吉林：曾是中国最大的沿海省》中有一个观点："吉林从中国最大的沿海省变成了一个内陆省。"这个观点我现在觉得应该修正：可以说吉林丢失了曾经拥有的最长的海岸线，但是不能说吉林就变成了内陆省，吉林还可以顺着图们江去出海捕鱼，因此吉林是一个边疆近海省，这是吉林区别于国内许多省的地方。

我们知道海洋的魅力就在于：哪怕只有一公里的海岸线，船只都可以自由进入海洋，进入海洋就意味着你可以在占有地球表面积 70% 的海洋上航行，并与世界上约 70% 的国家进行交往，因为世界上 70% 以上的国家是沿海国。有这样一种说法：流向海洋的河流两岸就是延长的海岸线。这一点在长江下游入海口的两岸非常明显，那里两岸都是江海联运的港口，带动经济发展和文化交融。

吉林的图们江，是吉林一个通向海洋的门户，虽然防川村以下 15 公里直到入海口的两岸一边是朝鲜，一边是俄罗斯，在防川村之上，图们江是中国与朝鲜的界河，单从河流入海这个意义上说，吉林近乎沿海省。防川村之上的一侧的江岸，可以理解为吉林的海岸线。只要图们江不干涸，吉林就能出海，所以说吉林不是纯粹内陆省，吉林就更应该有海洋意识。

说吉林应该有海洋意识，还有一方面的原因是：珲春市是吉林离海最近的地方，在珲春有长达 200 多公里的边界线与大海的距离在 20 公里以内，最近的距离约 3.5 公里，在图们江西岸和南岸的图们市、龙井市、和龙市也有几百公里的边界线距离大海在 69 公里以内。

在大海与吉林之间是俄罗斯与朝鲜的一些城市和港口，吉林省除了图们江入海口外，还可以通过俄罗斯和朝鲜与海洋联系起来。通过图们江口出海，那会涉及地缘政治和多边外交等不确定因素，但如果我们利用吉林离海近的特点分别与俄罗斯、朝鲜商讨建立开发区，或者租港和借港建立出口基地"借港出海"，以此为跳板进入海洋的话，就会降低事情的复杂程度。俄罗斯的波谢特港、扎鲁比诺港和朝鲜的罗津港都在距离珲春不到 100 公里的范围内，从这些港口出发海运货物到南方，以至到日本、韩国、欧美等地，都比利用大连港转运距离要短得多；也可以北上，去美国的西北海岸，或者越过白令海峡去阿拉斯加、加拿大，或者去欧洲，都是可以选择的。

如果我们转过身来，面向大陆，也有宏大的计划可以想象，如以珲春为关键节点，连接长吉图高铁，从阿尔山口岸出境，进入蒙古国经乔巴山，再进入俄罗斯，在赤塔连接上西伯利亚铁路，这样这条路将成为又一条"新亚欧大陆桥"。

任何畅想的实现，最终都离不开人。吉林从中国最大的沿海省变为一个望洋兴叹的省，这个事实之所以令人扼腕痛惜，其痛点在于：这一事实与以往中国任何关于版图范围的说法不同，它是由条约划定的。以往中国没有明确的边界意识，把自己看成"天朝上国"，把我们周边的国家看作朝贡国。但这次不同，这是两国派出的全权外交大使经过艰苦的谈判后签订的，被称为中国第一个符合现代国际法意义的平等的外交条约，中国的版图也第一次通过与外国的谈判用界碑和边界确定下来。按照这个条约划定了边界的吉林省，成为中国最具光环的一个省。它有着最长的海岸线，有着比台湾岛和海南岛加起来还要大的一个岛屿——库页岛，该条约及其划定的边界是无争议的，是被国际社会认可的。

然而令人难以想象的是，经过了 169 年之后，随着《瑷珲条约》《中俄北京条约》的签订，吉林竟丢失了所有的海岸线，丢失了最大的岛屿，过去拥抱的两个海——日本海与鄂霍次克海也都离它而去。这 160 多年的时光里发生了什么？当然内忧外患是重要因素，但与沙俄之间并没有大的战事。这期间清政府也曾派 92 个吉林将军、75 个黑龙江将军管理过这片面临大海的广袤的土地。

但是这上百位的将军都败在了一个38岁上任的年轻人——俄国的东西伯利亚总督——穆拉维约夫手下。这位年轻的总督用他的"才能"拿走了清政府100多位将军管理过的100多万平方公里的土地。

在我的文章中，我研究了吉林将军们呈给皇帝的大部分奏折，也研究了穆拉维约夫写给沙皇的信件，从中可以找出一些原因。

我觉得一部分原因是当时的中国在科学技术方面落后于俄国；还有对世界的了解程度，吉林将军整体上落后于俄国的官员们，尤其是地理知识，比如对黑龙江和乌苏里江的了解，对于整个远东地区海陆轮廓的了解；还有就是中国当时的测绘水平落后于俄国，地图技术也是落后的。但是这并不是说吉林将军没有责任，这也不应该是他们丢掉"吉林——中国最大的沿海省"这顶桂冠的理由，吉林将军们对这片土地没有尽到了解、经营、守护的责任。但若只有几个将军没有尽到责任是可以理解的，为什么这么多将军都没有尽到在今天看来应该是基本的责任，比如最基本的一条他们都没做到：考察掌握他们管理的土地的本底情况。我在他们给皇帝的奏折中没有见过一个将军顺着黑龙江或图们江一直航行到出海口，也没有一个将军从江口沿着海岸线考察过。穆拉维约夫却做到了，他数次乘船在属于中国的黑龙江航行，出海再向南沿着海岸线考察，并且把船停在了图们江口北侧的波谢特湾，在那里等待他们测绘的地图，并且将其带到北京，逼迫代表皇帝的钦差大臣奕䜣签字，一笔下去，吉林海岸线就此消失。

吉林将军们在一些小的常规的琐屑的事情上很勤勉，但是在事关领土完整的大事上他们却无知无为，比如定期巡视边境，掌握边境线的本底情况以及发生的变化……穆拉维约夫却在"积极地作为"，他明了他的国家的利益所在，他的目标是俄国取得一个通往太平洋的出口。他从不把琐事写进奏折，也不等待指令的到来，他知道应该做什么。当沙皇指示他夺取乌苏里江东岸的土地时，他给沙皇的奏折是：陛下，你指示我的，我已经做完了。我讲这些不是赞美穆拉维约夫，我是为我们都没有海洋意识的吉林将军们感到惭愧，为吉林丢失的海岸线感到痛心。幸运的是，晚清还有像吴大澂这样勘界守土的仁人志士，为我们争回国土和一分尊严。

吉林不算内陆省还有一个内涵，那就是吉林不是一个封闭的系统，不是一个封闭的文化圈，且不说我们有图们江这个入海口，只说文化，吉林历来文化都是多元的。距今约一百万年前吉林就有古人类生存，红山文化、汉书文化都与中原文化一脉相承，共同创造了灿烂、悠久的多元文化，周朝时期吉林进入青铜时代，吉林地区的先民就与中原在长期的生产劳动中相互接触、彼此交往。汉、东胡、秽貊、肃慎"四大族系"，夫余、高句丽、渤海"三大古国"虽具有地方特色，都与中原政治、经济、文化交融，所谓"疆理虽重海，车书本一家"。"海东盛国"渤海国时期的"东北亚丝绸之路"，更是把吉林的丰饶物产和灿烂的文明交流到中原大地和近海国家。辽、金、明、清更加强了与中原文化契合，中原也加强了对吉林的经略。虽然清初为了保护长白山所谓"龙兴之地"，修筑柳条边封禁，但封禁这两百年在历史长河中只是短短的一瞬，人为的封禁封不住人文的渐进，加之日、俄一直窥视东北，清廷也被迫开禁，兴起了轰轰烈烈的"闯关东"，因此有大量来自山东、河北、山西、内蒙古的迁移人口涌入，进一步促进了吉林文化的多元性。

　　我为什么要论说吉林的文化是多元的呢？因为只有多元的文化，才会交融碰撞，尤其是一个体系只有从外界不断地吸收新的信息、新的物质、新的能量，才能避免逐渐衰竭走向寂灭的后果。打破封闭，就得让其在与外界的交往中不断地获取新的理念、找到新的方向。

　　吉林的发展振兴正处关键节点上，吉林振兴实现突破需要清新的空气流入、多元文化的交融、宽广的国际视野、心向大海的胸怀，核心是解放思想。我们只要解放思想，敢于创新，就可以把吉林重新打造成一个充满生机的，具有想象空间、富有活力的新的开放体。希望本书能助吉林发展一臂之力，是为序。

吉林地处中国东北腹地，虽地理位置较为边远，但历史悠久，文化灿烂。"四大族系"延续吉林人文历史，"三大古国"尽显汉唐气象，辽金文化与两宋融合，创造了"华夷有别"又融入中华一体的历史文明。这里更是满洲的族源地、清朝的"龙兴之地"。长白山巍峨壮丽，松花江一泻千里。"松花江，江水清，浩浩瀚瀚冲波行，云霞万里开澄泓"，康熙帝的《松花江放船歌》写出了这里的无边瀚海和不尽山河。不一样的历史人文诉说着一个有一点儿神秘、一点儿陌生又极为惊艳的吉林。

吉林 竟有古城411处！
它们是嵌在大地上的东北文明史诗

撰文 / 郑骁锋　摄影 / 崔　宇　等　绘图 / 付大伟

白雪覆盖下的
明乌拉古城，
巨大的身躯屹立
在松花江右岸

"乌拉"是满语，翻译成汉语就是"沿江"的意思。明朝在边疆少数民族地区实行羁縻政策，在今吉林市乌拉街满族镇所在地设立乌拉卫。明代中叶，海西女真势力逐渐崛起，其中乌拉部相继吞并了附近诸部，以乌拉城为乌拉部都城。后乌拉部屡与建州女真首领努尔哈赤争斗。1613年，努尔哈赤灭乌拉部，并在这里养精蓄锐，向中原进发，继而得天下。因此，清定都北京后不久，就封禁乌拉街方圆五百里，把它尊为"本朝发祥之圣地"。
摄影／孙鑫

吉林省古代历史大事记

公元前 11 世纪初
周武王在位期间，肃慎使臣向周王朝贡"楛矢石砮"，表明周王朝辖区已达东北边疆。

公元前 108 年（西汉元封三年）
汉朝开始在卫满朝鲜故地置真番、临屯、乐浪、玄菟四郡。今吉林省集安、通化、梅河口、靖宇、浑江一带属于玄菟郡。今吉林省长白、图们、敦化、和龙、汪清、龙井、珲春、延吉一带属于乐浪郡。今吉林市附近属玄菟郡的上殷台县。

111 年（东汉永初五年）
高句丽王宫遣使者入汉都，请求将高句丽划入玄菟郡。

32 年（东汉建武八年）
高句丽遣使朝贡洛阳，光武帝恢复高句丽王号。

虞舜时代	商周时代	战国时期	汉代

约公元前 22 世纪
肃慎部落生活在吉林省的长白山地区，曾遣使中原。

公元前 2 世纪
今集安、公主岭、永吉、桦甸等地曾分别出土过战国币、燕国刀、赵国铜剑等器物，说明当时的燕国势力已深入吉林省部分地区。夫余国建立。《后汉书》载，夫余国，在玄菟北千里，南与高句丽，东与挹娄，西与鲜卑，北有弱水，地方二千里。

公元 3 年（西汉元始三年）
高句丽琉璃明王迁都国内城（今吉林集安），控制了浑江至鸭绿江中游一带。

49 年（东汉建武二十五年）
冬十月，夫余王遣使奉献于汉廷，从此"使命岁通"。

196—220 年（东汉建安年间）
公孙康攻高句丽，破其国。高句丽筑丸都城，并迁都于此。

因岳飞而出名的"黄龙府"，是吉林省历史长河中的一瞥

我几乎是与一团雪云同时抵达吉林的。雪后的吉林大地，丰满而宁静。冰雪下，覆盖着荒垣、断壁、雉堞、柱础、残砖、碎瓦……这些古迹，是我探访的目标。雪，增加了我对古城的寻找难度。

我身上带着一张专家提供的古城分布图，图上密密麻麻的红点，给我带来不小的震撼：吉林，这个面积不过 18.74 万平方公里、给人以文化疏薄印象的省份，现已查明的大小古城遗址至少有 411 处！一处古城至少对应一座曾经的县城或军镇，而今天的吉林，总共也只有 60 余个县级行政区。

这些数据让我时刻都提醒自己：在吉林大地上行走，无论街衢还是旷野，随时可能会跟一段古老的城墙相遇。甚至，随意的一次落脚，都可能踩在某座废弃的宫殿顶上。

"直抵黄龙府，与诸君痛饮耳！"800 多年前，岳飞主持的那次北伐，在一句慷慨陈词中达到了高潮。"黄龙府"，也因此妇孺皆知。当年，岳飞梦想着从临安出发，一路北上，欲收复河朔故土，然后北上白山黑水间，直捣黄龙府，迎回被掳走的徽、钦二帝。我从古临安，即杭州而来——在这个早春北上，我走的就是岳飞设想中的路线。

在当代的行政图上，古黄龙府的所在地为农安，为松辽平原上的一个县。根据考古报告，黄龙府古城周长 3840 米，尚存城门残迹 7 处。不过，金、元之后，黄龙府之地几经变迁，一度荒废成为游牧地，还曾被设为驿站，后来又被用为垦种地，直到晚清才以农安之名设立县治，这荒废之地重新有了城镇。如今在农安能看到的古迹，最著名的是一座 8 角、13 层、44 米高的砖砌实心古塔，屹立在闹市。该塔建于 11 世纪初，是吉林现存最完整的辽代建筑。

这座辽塔见证过黄龙府的辉煌：由于扼控松花江和南北交通的咽喉，这座关东重镇被辽人称为"西寨"——"东楼西寨"，是辽人对最重要的两座城市的别称，"东楼"指皇帝居住的上京临潢府，"西寨"指的就是黄龙府。岳飞领兵时期，辽早已被金所灭，此时的黄龙府是金朝的地盘。不过，辽、金都不是黄龙府的始建者。《辽史》载："龙州黄龙府，本渤海扶馀府，太祖平渤海还，至此崩，有黄龙见，更名。"

"扶馀"即"夫余"的原名，足以将吉林的建城史再前推千年。夫余，是我国东北地区第一个由少数民族建立的地方政权，于公元前 2 世纪立国，历时约 600 年，鼎盛之时，疆域方圆达到两千多里，直接与秦、汉长城接壤。

我们因岳飞而熟知的黄龙府，不过是东北历史长河中的一瞥。金、辽、渤海、高句丽、夫余……辽塔塔底，一层层，由近及远，叠压着多个古国的遗蜕。

247 年（曹魏正始八年）
高句丽东川王筑平壤城，城址在今吉林省集安市。

342 年（东晋咸康八年）
高句丽修葺丸都城，又筑国内城（今吉林省集安市）。

414 年（北魏神瑞元年）
高句丽长寿王为纪念其父好太王的功绩，在今吉林省集安市太王镇造好太王碑。

魏晋北朝

244 年（曹魏正始五年）
曹魏毌丘俭出玄菟讨伐高句丽，两度大败高句丽，随后又攻破了丸都山城。

286 年（西晋太康七年）
在西晋的援助下，夫余得以复国。

405 年（东晋义熙元年）
高句丽得辽东、玄菟两郡之地，5 年后攻占东夫余。

435 年（北魏太延元年）
北魏太武帝册封高句丽长寿王为都督辽海诸军事、征东将军，领护东夷中郎将、辽东郡开国公、高句丽王。

1286 年（元至元二十三年）
在吉林地区设开元路。次年，设辽阳行中书省，治所特林（今属俄罗斯）。

1234 年（金天兴三年）
蒙古灭金。

1115 年（金收国元年）
阿骨打称帝，建元"收国"，国号大金。九月，金军攻陷黄龙府。

926 年（辽天赞五年）
契丹耶律阿保机灭渤海，改渤海故地为东丹国，今吉林地区归入契丹（辽）版图。

696—697 年（武周万岁通天年间）
武则天封粟末靺鞨首领乞乞仲象为震国公。

586—604 年（隋开皇六年至仁寿四年）
粟末靺鞨与高句丽作战不胜，渠长突地稽率众内附，居柳城（今辽宁省朝阳市）。

元 **蒙古** **辽金** **隋唐**

1172 年（金大定十二年）
金世宗册封长白山为"兴国灵应王"，并建祭祀长白山的神庙。

975 年（辽景宗保宁七年）
黄龙府卫将燕颇反，府废南迁。

713 年（唐先天二年）
唐玄宗遣郎将崔诉赴粟末靺鞨都城旧国（今吉林省敦化市敖东城），册封大祚荣为渤海郡王，加授忽汗州都督，自是始去震国号，专称渤海。

668 年（唐总章元年）
唐灭高句丽，大祚荣率众徙居营州（今辽宁朝阳）。

1389 年（明洪武二十二年）
明廷在东北地区设朵颜、泰宁和福余三卫。同时，明廷授封三卫首领以各级官职，进行笼络和羁縻。

1417 年（明永乐十五年）
明廷派张信（张童儿）到长白山、罗延屯田，置木栅，造仓库，运输粮食、木料。

1425 年（明洪熙元年）
刘清第二次领军到松花江造船运粮。

1437 年（明正统二年）
明廷任命猛哥帖木儿的次子董山为建州左卫指挥，始筑辽河流域边墙。

1593 年（明万历二十一年）
海西女真叶赫部纠合九部联军 3 万人攻建州女真，被努尔哈赤大败。

明代

1409 年（明永乐七年）
设奴儿干都指挥使司，治所特林（今属俄罗斯），加强对吉林地区的统治。

1420 年（明永乐十八年）
辽东都指挥使刘清第一次领军到松花江吉林城造船运粮。

1432 年（明宣德七年）
刘清第三次领军到松花江造船运粮，并在吉林阿什哈达第二摩崖刻石留念。

1583 年（明万历十一年）
努尔哈赤袭任明建州左卫指挥使。

1595 年（明万历二十三年）
明廷封努尔哈赤为龙虎将军。

1662 年（清康熙元年）
宁古塔昂邦章京改为汉称"镇守宁古塔等处将军"，巴海继任将军，梅勒章京改为汉称"副都统"。

1653 年（清顺治十年）
清廷改驻防官为昂邦章京（意为"统领"），继续镇守宁古塔（今黑龙江宁安）。东北地区从此分为盛京和宁古塔两大军政辖区，今吉林为宁古塔昂邦章京所辖。

1613 年（明万历四十一年）
努尔哈赤率军攻灭乌拉部。

1599—1600 年（明万历二十七年至二十八年）
努尔哈赤攻陷哈达城，一年后杀哈达部首领，海西女真哈达部被灭。

清代

1658 年（清顺治十五年）
沙尔虎达在吉林城恢复明代船厂，造船 44 只。

1619 年（明万历四十七年）
努尔哈赤杀叶赫首领金台石，灭叶赫部，焚毁叶赫城。

1607 年（明万历三十五年）
努尔哈赤灭海西女真辉发部。

1673 年（清康熙十二年）
吉林城于松花江畔开建。

1677 年（清康熙十六年）
康熙帝遣内大臣武默讷等人踏查长白山，一年后定长白山为祀山，尊长白山为神，周围千余里划为禁区。

1698 年（清康熙三十七年）
康熙帝巡幸吉林城。此次东巡目的是"巡行塞北，经理军务"，更加有效地对沙俄进一步威慑。

1726 年（清雍正四年）
清廷在吉林城设永吉州，隶属奉天府，此为吉林省历史上第一个民署机构。

1670 年（清康熙九年）
宁古塔将军奉命修筑柳条边墙（新边）。

1676 年（清康熙十五年）
镇守宁古塔将军移驻吉林乌拉城，留副都统一名镇守宁古塔。徙直隶各省流人数千户于吉林造船。

1682 年（清康熙二十一年）
康熙帝巡幸吉林城，望祭长白山，检阅水师，写下《松花江放船歌》。

1706 年（清康熙四十五年）
打牲乌拉总管衙门于乌拉城附近设立 5 官屯，垦荒种粮。

1800 年（清嘉庆五年）
设长春厅，治所在伊通河北岸新立屯，长春正式建城。

1776 年（清乾隆四十一年）
清廷重申禁令，严禁流民再进入吉林境内，以维持吉林的满洲风俗。

1754 年（清乾隆十九年）
乾隆帝巡幸吉林城，望祭长白山。

1742 年（清乾隆七年）
吉林城进行首次扩建。

1777 年（清乾隆四十二年）
清廷命吉林将军福康安兼任打牲乌拉总管。

1757 年（清乾隆二十二年）
是年二月二十三日，宁古塔将军改称吉林将军。吉林将军统辖五城副都统、六城协领、二城佐领、四边门防御、22 驿站、27 边台、106 处卡伦。

1747 年（清乾隆十二年）
裁撤永吉州，改设吉林厅，首任理事同知阿阳阿。

平地棋盘式——西古城（渤海国时期）

爬坡式——赤柏松古城（西汉）

大乌兰吐古城址　汉书遗址　山泉城址
后少力古城遗址　塔虎城　双城子古城　大坡古城
伯都古城址　松江山城址
城四家子城址　石头城子古城　嘎呀河古城址
　　　白城　富尔哈城址
　　　松原　东山山城
　　　农安古城址　揽头窝堡遗址　小砬子山古城　亭岩山城址
　　　古塔　丹城子古城址　前进古城　罗子沟古城
毛城子古城址　顺山古城址　乌拉街古城址　城山子古城址　八连城遗址
　　黄花城址　秦家屯古城　敖东城　营城子古城
　　双城堡城址　　吉林　龙潭山城　鸡冠古城遗址
前城子古城址　五家子古城址　和气古城址　东团山城址　满台城山城址
十屋古城址　城楞子古城址　西团山城遗址　音军沟城址　萨其城
山东屯古城址　四楞格子古城址　城合店城址　磨盘村山城　裴优城
大金山古城址　前城子古城址　马圈子城址　兴安古城
　　四平　大马宗岭山城　南山山城　东古城址　延吉
石虎地遗址　辽源　苏密城　虚莱城址　城子山山城
玻璃城子城址　北土城子古城址　杨木顶子山城
潘村村城址　城子沟关隘　宝马城址
偏脸城址　辉发城址　西关遗址　新安城址
叶赫那拉城址　南关遗址　罗通山城　渤海中京遗址
二龙湖古城遗址　钓鱼台城址　孤山子古城址　渤海古城遗址
叶赫城子山山城　自安山城　白山　永安遗址
石岭子城子山山城　临城古城
城子村城址　通化　桦皮甸子古城址　长白古城
大营城子古城址　赤柏松古城址　十二道沟关隘
龙首山城址　工农山城址　建设山城
永康小城子城址　霸王朝山城
丸都山城与国内城　民主城

战国至汉代
高句丽时期（汉至唐初）
渤海国时期（唐至五代）
辽金时期
明清时期

吉林省历代主要古城分布图
资料来源：《中国文物地图集·吉林分册》

平地傍水式——乌拉古城（明代）

盘山式——丸都山城（高句丽时期）

战国时期二龙湖古城考古发掘现场

李树林

燕秦汉辽东长城研究学者

二龙湖古城考古发掘证明，战国时期燕国北疆已经深入吉林境内，这座古城是其嵌入东北松辽腹地的"楔子"

出乎常人意料——吉林省查明境内有各历史时期古城遗址411处！古城不仅数量大，而且类型多

截至2009年，吉林省已查明境内有各历史时期的大小古城遗址411处，这一数据颠覆了许多人对东北的印象。这些古城的建立时间和分布，按历史沿革的走向，除战国时期二龙湖古城以外，东南部古城建城时间较早，大致为两汉、魏晋南北朝时期；中部古城建城时间居中，大致为隋唐时期；西部古城建城较晚，但持续时间较长，多数古城与辽、金、元、明中期相始终。此外，还有数座坐落在中部平原，建于明朝中期，废止于清初的女真各部的古城。按照地理环境和格局不同，我们将吉林省主要的古城分为4种类型，分别是：爬坡式、盘山式、平地傍水式、平地棋盘式。

二龙湖古城一度被认为是明代海西女真叶赫部的古城。1987年吉林大学对该城进行复查与试掘，确认古城年代为战国晚期到西汉初期。2002年，城内东南发掘出土了大量的具有中原文化特点的青铜器、铁器、陶器。燕国居七国东北部，不仅面临着中原强邻的威胁，还受到东北少数民族的严重侵扰。战国晚期，燕国派大将秦开成功实施"东拓战略"，在中国历史上第一次将东北的西南、辽东地区纳入中原行政版图。

燕国"东拓战略"，第一阶段：却东胡千余里（据《史记》），控制这一带后，置上谷、渔阳、右北平、辽西郡。第二阶段：东击朝鲜（注：箕子朝鲜），取地二千里（据《魏略辑本·朝鲜》），在今辽河以东至吉林省长白朝鲜族自治县、北从浑河一线南至朝鲜清川江流域设辽东郡。第三阶段：北上松辽平原灭貊（据《山海经》），为防范东北诸族，燕国在东北边疆修筑了一批军事性"外城"，二龙湖古城就是其中一座，以监控、阻隔、震慑东胡、匈奴、秽貊等。燕国东拓后，筑长城、设郡县，对东北地区开疆治边贡献卓著。二龙湖古城始筑于燕将秦开东拓却胡、击朝、灭貊之后，设置的"幕北外城"，是燕国嵌入松辽大地上的"楔子"！二龙湖城，修筑于公元前258—前244年，废弃于汉初匈奴崛起之时。

北

二龙湖古城址东南部出土的陶瓷

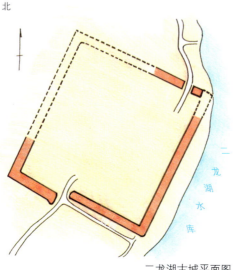

二龙湖古城平面图

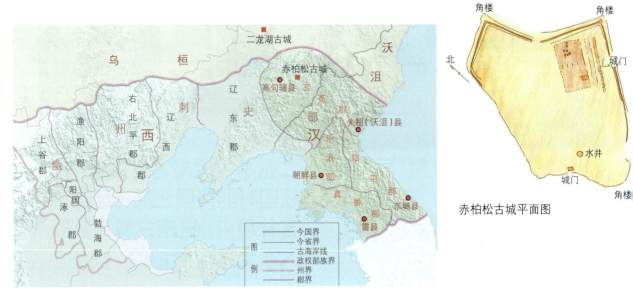

西汉幽州及其东北四郡范围图（汉武帝元封三年）
资料来源：周振鹤《西汉政区地理·地图二十五》

赤柏松古城平面图

吉林省
历代古城
数量对比

260

80

37

2

34

战国至西汉初 | 高句丽时期 | 渤海国时期 | 辽金时期 | 明清时期

资料来源：《中国文物地图集·吉林分册》

汉在东北开疆设郡，三县交通要冲上的古城，很可能为当时的一座县城

赤柏松古城
时间：西汉时期
地点：通化市通化县快大茂镇

赤柏松古城址位于通化县快大茂镇西南约2.5公里的低矮台地上，城东侧是一片狭长的河谷平川，在平川南缘山麓下有大都岭河，自西向北蜿蜒流去，于快大茂镇附近汇入自西向东流的喇咕河。站在城北山头的最高点放眼远眺，东可见河口村，南可见大都岭村，北可见三河堡，这里地处通化、新宾、桓仁三县交通要冲，位置极为重要（左页图）。赤柏松古城内还发现有大量铁器，多为农具，如钁、锸、镰、铁刀等，其冶铁技术相当成熟。另外还发现许多铜、铁质武备、兵器用具（右图）。赤柏松古城西有一大型铜镍矿，现仍在开采。这个铜镍矿在两汉时期是否被利用，正是专家研究的重要课题之一。专家通过铁器形制推断，赤柏松城址的使用年代当在西汉中晚期至东汉。有关赤柏松古城的身份，大致有3种观点：汉玄菟郡上殷台县故址；玄菟郡西盖马县故址；汉代东北的一处军事要塞。目前，学术界比较倾向于第一种说法。

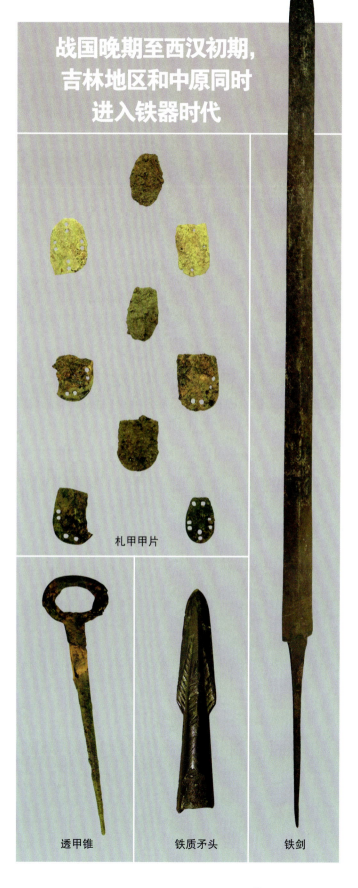

战国晚期至西汉初期，吉林地区和中原同时进入铁器时代

札甲甲片

透甲锥

铁质矛头

铁剑

中国大历史视野中的东北，引发了中原历史的风暴

很多人其实一直在有意无意地回避着这样一个事实：数千年来，东北大地始终对中原政权保持着攻势，中原军队却很少能将胜利的大旗插在白山黑水的城头。"直捣黄龙府"的梦想，只留在了岳将军的诗文中。几次中原王朝大的崩塌，发难者几乎都来自东北——鲜卑的北魏、契丹的辽、女真的金以及其后裔建立的清，甚至包括成吉思汗与忽必烈——蒙古族的先祖室韦，也发源于大兴安岭地区。

长期以来，很多人脑海中有"中原先进、东北落后"的观念。事实上，大量考古发掘已经证明，东北地区的开化绝不晚于中原，辽宁牛河梁地区的红山文化，更是被视为中华文明的一道曙光。从尧舜禹到夏商周，东北地区几乎与中原同时进入青铜时代，仅在今天的吉林省区域，就曾有肃慎、挹娄、夫余、高句丽、勿吉、沃沮、室韦、靺鞨、契丹、女真、锡伯等多个民族繁衍生息，并与中原建立、保持了联系。

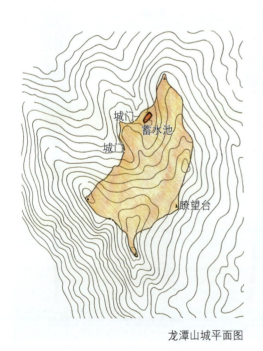

龙潭山城平面图

罕见的城堡奇观——巍峨的城池蜿蜒盘踞在山顶！龙潭山城，我国东北地方政权高句丽强盛期的军寨

龙潭山城

时间：高句丽中期

地点：吉林市龙潭区龙潭山顶

汉元帝建昭二年（前37年），我国东北少数民族首领朱蒙在西汉玄菟郡辖地内建立了地方政权高句丽，先后臣属及朝贡于西汉、新莽、东汉、曹魏、南北朝、隋、唐等强大的政权，直到唐总章元年（668年）为唐朝所灭，其民上百万内迁中原。龙潭山城是一座典型盘踞山顶的城寨，位于吉林市区东部约7.5公里的龙潭山上。此山城似一仰盆，中间低凹，城垣雄踞在山的脊梁之上（左页图摄影／潘桂霞），平面呈不规则多边形，东西较宽，南北较窄。城墙随山体而修筑，山脊突起处较矮较窄，凹伏处较高较宽。山城现存建筑有"水牢"和"旱牢"。"水牢"又名"龙潭"，实为蓄水池，位于山城西北隅的最低处，龙潭山因此而得名。右两图为龙潭山城的城垣残迹。

吉林省高句丽时期古城分布图

○ 古城遗址

● 古墓遗址

早在先秦，东北就被纳入了中华文明的版图，并参与推动了中国的发展进程。2003年，考古界确认吉林省四平市铁东区石岭镇（考古发掘时属梨树县石岭乡）二龙山村二龙湖水库大坝南端台地上发现的二龙湖古城，便是"战国七雄"之一——燕国北部的边城。这里发掘出的大量铁器与陶器表明，至晚在2000多年前，春秋战国的疆域便已延伸到了今天的吉林地区。

东北地区部族林立，并前仆后继地轮流崛起。每个部族的兴起，都像一次汹涌的浪潮，冲刷着整片大地。除了争霸时的兵火破坏，也由于民族习俗常有不同，胜出者往往会废弃前人基业，在空白处另起炉灶。这与中原文明基本以几大古都为中心、历代王朝先后叠加不同，东北文明，呈现出一种平铺、散发、遍地开花的状态。今日吉林古城遗址遍地，正源于此。

东北各个部族政权遗留下的400余座古城，构成了这片平铺的古老文明最直观的年轮。古城的分布，看似杂乱无章，其实自有其规律。吉林省白城市博物馆原馆长宋德辉先生，近些年一直在梳理东北的古城史料。他告诉我："吉林省的古城从东南到西北，呈现早期、中期、晚期的分布格局，除四平南部的战国时期城址以外，东南部建城时间较早，基本与汉朝相始终；中部建城时间居中，基本与唐朝相始终；西部建城较晚，但持续时间较长，一些古城与辽、金、元、明中期相始终。"

高句丽一度为中原王朝的劲敌，其民内迁后为盛唐提供了新鲜血液

夫余立国的百余年后，他们的一位庶出王子朱蒙，因为智勇双全而遭到嫉恨，为避祸，逃到了汉朝管辖的玄菟郡（当时"汉四郡"里最北方的一个，地域为今盖马高原及其周边平

独特的都城格局——高句丽创造了山城与平原城互为都城的复合式模式

丸都山城与国内城
时间：东汉至十六国时期
地点：通化市集安市近郊及城区

作为我国东北地区的民族地方政权，高句丽起于汉，终于唐，前后历经705年，创造了灿烂的古代文明，在吉林、辽宁等地留下了众多的历史遗迹。丸都山城和国内城，曾是高句丽重要的都城。丸都山城位于吉林省集安市北2.5公里处，城墙依山势筑于峰岭之上，较高处外临峡谷绝壁，内拥缓坡平川。东、西、北三面地势较高，南面较低，高差达440米。整个山城形如簸箕，城内建筑遗址有3处，蓄水池址1处，墓葬37座。建筑遗址分别为宫殿、瞭望台、戍卒驻地。公元3年，高句丽定都国内城后，为加强防卫，于城北修筑尉那岩城（后称丸都山城）。东汉末年，高句丽受辽东郡公孙氏政权管辖。东汉建安二年（197年），公孙康攻高句丽，国内城毁。209年，山上王迁都于丸都山城。曹魏正始七年（246年），幽州刺史毌丘俭攻陷丸都山城，东川王移都国内城。十六国时期的342年，高句丽修葺丸都山城和国内城。同年，前燕慕容皝攻陷丸都山城。此后，丸都山城作为军事守备城的功能基本不复存在。丸都山城与国内城相互依附，互相呼应，是世界建筑史上罕见的都城格局（右图）。左图为国内城的一段残垣。右页上图为丸都山城内的瞭望台。
摄影/张福有

城墙
丸都山城
城墙
瞭望台

原、朝鲜咸镜南道、咸镜北道，以及中国辽宁东部、吉林东部一带）。公元前 37 年，这位名叫朱蒙的 22 岁夫余王子，在五女山山城（今辽宁桓仁）建立了政权。多年以后，他被高句丽王朝奉为始祖，称之为"东明圣王"。

当时没有人会相信，这个由夫余庶出王子创立的小邦，很快就成长为当时东北地区的霸主，甚至一度还能与中原王朝抗衡。朱蒙去世之前，高句丽政权便已经初具规模，统一了附近许多大大小小的部落。经过数百年开疆拓土，到了隋代，高句丽达到了极盛，疆域"东西二千里，南北千余里"。

高句丽锋芒毕露的扩张，终于引起了中原政权的警惕。隋炀帝先后三次亲征高句丽，只落得伤亡数十万，国力耗竭，民变四起，最终身亡国灭。

平

原

都

邑

区

高句丽国内城平面图

北

国
内
城

缉文门

辑江门

安武门

唐太宗也对高句丽进行了三次征伐，第一次还是御驾亲征，但他也未能如愿。直到唐高宗时期，高句丽为唐所灭。

吉林省东南部山区曾是高句丽的重要活动地区。今天，素有"东北小江南"之誉的集安市，已经有42处高句丽王城、王陵及贵族墓葬被确定为世界文化遗产。

作为鸭绿江中游的一块河谷平地，集安依山临水，的确是非常理想的建都之所。而集安最重要的高句丽古城，当属国内城。

我是坐着集安朋友的车横穿国内城故地的。就像被大环套住的小环，高句丽的国内城已经彻底地嵌入了今天的集安市。行走在集安街头，不经意间，就能看到一截残墙，其中一段墙体甚至伸入了某个居民小区内。

考古发现，大多数高句丽古城，都不是单独建造。

像国内城这样，建在平地上的都城，附近必定都有一个或者数个山城作为军事防卫，彼此依附呼应，危急时候还能互为都城，这也是世界上极为罕见的山城——平原城的复合式城防体系。与国内城相距五里，集安丸都

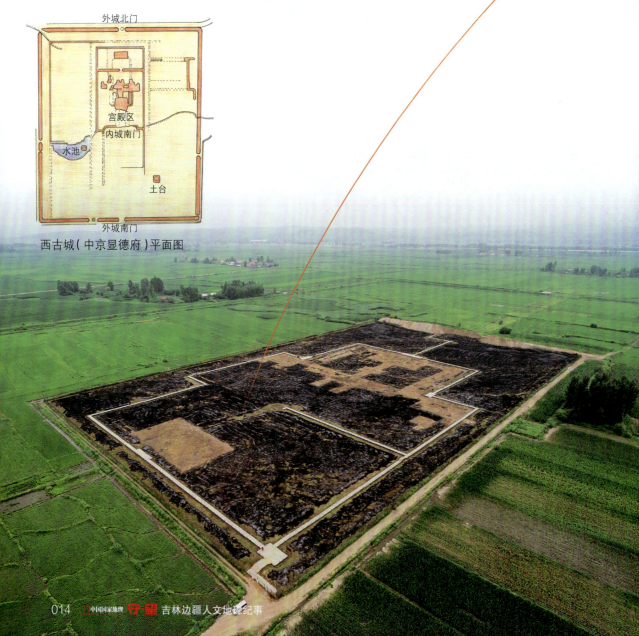

西古城（中京显德府）平面图

中京显德府宫殿鸟瞰想象复原图

宫城北门
五号宫殿
三号宫殿
二号宫殿
四号宫殿
一号宫殿
宫城南门

"渤海五京"之一的中京显德府，像巨大的棋盘

西古城
时间：唐渤海大钦茂时期
地点：延边朝鲜族自治州
和龙市西城镇

西古城是唐渤海国五京之一的中京显德府遗址，位于和龙市西城镇古城村头道平川西南，距西城镇4公里，距和龙市区约15公里。城呈长方形，南北长270米，东西宽630米，周长2700米，城外有护城河，今多为平地，唯有南墙东段尚可看到残迹（左页图 摄影／孙鑫）。《新唐书》记载："上京……其南为中京，曰显德府。"根据渤海国其他京城的方位，西古城正位于上京龙泉府之南，应为中京显德府址。渤海国受唐朝文化的影响颇深，城市建设基本照搬唐都长安。从渤海时期的古城遗址出土的文物可以证明，当年这里人丁兴旺，繁华热闹。根据古城遗址状况，插画师绘制了一张中京显德府宫殿鸟瞰想象复原图（上图）。

山上，便是与国内城配套的丸都山城。

根据资料，丸都山城所在的最高山头海拔为676米，但没到脚踝的积雪，令我这样缺少野外经验的南方人在山脚止步。遥遥望去，我只能看到山腰一道类似于长城的城墙绵延而上。那座周长约7000米、略呈长方形的大型城堡，以及城堡中围绕着宫殿设置的瓮门、瞭望台、蓄水池、戍卒驻扎区，就在城墙后面。尽管未能登上山城，但仅在山脚仰望，我就能从古城选址感受到高句丽人精妙的山地攻防战术。

这座山城令我想起了唐代名将高仙芝。唐玄宗时的这位安西节度使，便是高句丽人。他以高超的山地行军战术著称，曾多次率领部众翻越帕米尔高原远征，被誉为"山地之王"，创造了世界军事史上的奇迹。1913年，英国探险家斯坦因重走高仙芝活捉小勃律国王的路线后，万分感慨："这位勇敢的中国将军，行军所经历的艰难险阻，比之汉尼拔、拿破仑翻越阿尔卑斯山，不知要超过多少倍。"

我忽然意识到，来自唐帝国东北的山地作战技术，居然在帝国的西北边疆大放异彩。

唐乾封元年（666年），唐高宗以李勣为帅，海陆并进征高句丽，一路连捷，于总章元年（668年）攻克平壤，高句丽王出降。唐于高句丽故地置安东都护府，上百万高句丽人被迁入中原，高仙芝的先人便在其中。

渤海国的中京、东京都在吉林，这里曾是充满盛唐气息的大都市

我在珲春市郊外迷了路，被手机导航带到了一座煤矿，导航甚至一度让我们的车在城乡公路上来回掉头。最终，资料上一行字——"位于珲春市国营良种场内"，终于让我们接近了目标。但进入良种场后，触目所及，只是大片农田。珲春市近日本海，地表较暖，雪层远不如吉林中西部那么厚，很多枯草与玉米残秸裸露在外，更添了几分萧瑟。一块田埂旁的文物保护单位石碑，提醒我们到了目的地。就在这片田地上，曾经屹立过渤海国的一座王都。

高句丽的末期，靺鞨人开始崛起，在高句丽灭亡30年后，靺鞨人建立了渤海国。靺鞨人的先祖是先秦典籍中的"肃慎"。靺鞨部落繁多，最南的粟末靺鞨部在7世纪初归附唐朝。到7世纪末，粟末靺鞨首领大祚荣统一其他各

宋德辉

吉林省白城市博物馆
原馆长、研究员

吉林古城有 411 处，既有平原城，又有山城；既有规则的方城，又有各种不规则形状的城池

迄今为止吉林省已查明境内有各历史时期的大小古城遗址411处。这些建造于不同历史时期的古城凸显着历史上吉林省在中国东北地区的特殊历史地位。总体来说，这些古城有3个特点：

从地域性来说，古城分布在从东南到西北近千公里的不同的地理位置上。在长白山地的熔岩高原与中低山和长白山盆地之间，鸭绿江流域的中游和浑江流域的中下游，分布着众多的高句丽古城遗迹。吉林省东中部是山区和中丘陵区，牡丹江流域和松花

江流域的上游分布着80多处渤海时期的古城遗址。此外，还有建于明朝中期的古城遗址。吉林省西北部山前平原地区，以及这片土地上的松花江、嫩江流域，散落着260余处辽、金时期古城遗址。

从时间性来说，这些古城的建造时间按历史沿革的走向，除位于四平市南部的战国时期二龙古城以外，东南部高句丽古城建城时间较早，中部的渤海古城建城时间居中。此外，还有明朝中期由女真人建造，毁于清朝的古城。西部的辽金元古城建城虽晚于中部和南部地区，但持续时间较长，一些古城与辽、金、元、明朝中期相始终。

从功能性来说，吉林古城分

为平原城、山城、关隘城三种。平原城有渤海时期的敖东城、西古城、八连城、苏密城等，辽金时期的城有四家子古城、塔虎城、偏脸城、伯都城等；山城有高句丽时期的龙潭山城、丸都山城、罗通山城、城子山山城等；关隘城有关马山城、望波岭关隘等。

这些古城的存在，充分体现了生活在这片土地上的先民，以自己的勤劳、勇敢和智慧创造的灿烂文明。

他们有的在北方建立了地方少数民族政权，有的入主中原建立了王朝，为中华民族注入了生机与活力，为大一统的中华文明的形成，作出了重要的贡献。

吉林省渤海国时期古城分布图

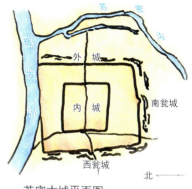

苏密古城平面图

一度被认为是"中京显德府"的苏密古城实为渤海长岭府的治所

苏密古城
时间：唐渤海时期
地点：吉林市桦甸市
永吉街道大城子村

苏密古城位于桦甸市东北郊的大城子村，紧邻辉发河南岸。清末这里曾以苏密河命名草甸子——苏密甸子，苏密古城因而得名。此城为渤海国"五京十五府"之中的长岭府的治所。清末学者通过考证认为，苏密古城是唐代渤海国的中京显德府故地。伪满时期日本对我国东北地区进行文化侵略，对苏密古城进行了非法盗掘。此后，日本人鸟山喜一结合吉林和龙西古城城址的研究结果，否认了苏密古城为渤海国的中京一说，认为今和龙市的西古城为中京显德府故址。苏密古城城垣建筑规整，由内外城和重壕组成：内城基本为正方形，外城大致为长方形（上图）。城址四周依山傍水，土地肥沃，为辉发河冲积盆地。它的全仿唐式的城郭建筑布局，印证了唐朝时中原同边疆各民族在政治、经济、文化等方面的紧密关系。右图为苏密古城墙的一处马面。摄影/孙鑫

吉林省辽金时期古城分布图

图例：
● 古城遗址
⌐⌐ 辽金界壕

部，并于 698 年建国，自称"震国王"。后来，唐玄宗封大祚荣为渤海郡王，加授忽汗州都督，从此"震国"改名，以渤海为新国号。

我们在珲春寻找的古城叫八连城，便是渤海五京中的东京龙原府所在。八连城考古报告介绍说："城有四门，分别设置于各墙的中部。中轴线上建有主殿，筑于高台之上。高台东西长 45 米，南北宽 30 米，高 2 米，用河卵石和黄土夯筑而成……"

八连城的格局，跟唐都长安城极为相似。渤海国上下紧跟中原潮流，连都城都要仿长

安而建。比如五京中的上京龙泉府，外城周长 35 里，内城 9 里，宫城也有 5 里，规模将近长安城的 1/3，当时放眼整个东亚也属于大型城市。吉林珲春地区的东京龙原府，规模虽不及上京，但同为王城，规模也十分宏大。

我又去和龙市探访了中京显德府的遗址——西古城。有学者认为，渤海国第三代王大钦茂，就是从这里迁都至上京龙泉府的。此后，显德府仍是渤海国的重镇，地位仅次于上京。大钦茂时期，渤海国文风鼎盛，文臣武将多能吟诗，甚至还有一批即使放在唐人中也

属出色的诗人。

风声猎猎，西古城废墟犹如巨大的棋盘，横卧于茫茫雪原。诗人们若能眼见此景，将会写出什么样的诗篇来凭吊故都呢？

吉林是辽金王朝的大舞台，260 处辽金古城，见证了那个时代东北文明的辉煌

我到白城那天是 2 月 19 日，农历正月二十三。鹅毛大雪纷飞，"白城"名副其实。高速封路，我们的车以慢速小心地行驶在乡道上。路面雪雾

最早的"阿拉木图"并不在中亚！吉林大地上就有一座建于辽代的"阿拉木图城"

偏脸城
时间：辽金时期
地点：四平市梨树县白山乡岫岩村

吉林省是契丹族和女真族早期活动的重要地区，也是辽、金两代的腹地。迄今，吉林省境内已发现辽、金城址260余处，古城数量远远超过其他朝代。偏脸城遗址位于四平市梨树县白山乡岫岩村，南距梨树县城4公里。辽代此地叫"奚营"或"九百奚营"，金代称为"韩州"，是辽金时期的重要城镇和南北交通要道。蒙古语"阿拉木图"，意为"有梨树的城"，即"梨树城"。因城内地势西北高而东南低，方向东斜，平面略呈方形，就像人的一张偏歪的脸，俗称"偏脸城"。站在偏脸城遗址高处，向城内远望，几道隆起的城墙，构成了清晰的近似平行四边形的轮廓。金末，蒙古军攻下韩州城后，一把火烧掉了偏脸城。
摄影／孙鑫

氤氲，就像有无数条细小的银蛇在车前疯狂旋舞，陪同前行的白城市博物馆原馆长宋德辉先生告诉我，这就是"白毛风"。

风雪之中，我来这里寻找一座以春为名的宫殿。如果时光倒退到11世纪，每年的这个时间，我应该能够在冰冻的江面上看到大片金光闪耀的帐篷，还有可能看到一场隆重的仪式，仪式的高潮应该是冰河中第一条鱼的捕获："鱼之将至，伺者以告北主，即遂于斫透眼中，用绳钩掷之，无不中者。既中，遂纵绳令去。久，鱼倦，即曳绳出之，谓之得头鱼。头鱼既得，遂相与出冰帐，于别帐作乐上寿。"（引自南宋程大昌撰《演繁露》）

1000多年前的白城，人们每年正月都会以头鱼宴的

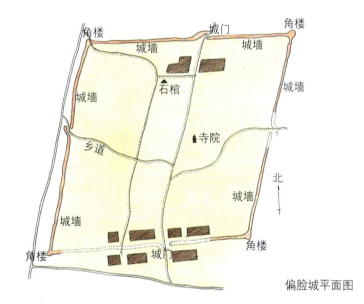

偏脸城平面图

北

涑州城(渤海至辽金时期)

乌拉古城(明中晚期)

乌拉新城(清早期)

松

花

江

夫余王城
(夫余国早期)

吉林城
(清中期)

龙潭山城
(高句丽中期)

吉林市沿江地带古城分布图

北

松花江

护城河

外罗城

宫殿遗址
内罗城

明乌拉古城平面图

从夫余到明清，数座古城沿松花江分布，吉林市堪称吉林省古城史的一大样板

乌拉古城
时间：明嘉靖至万历时期
地点：吉林市龙潭区乌拉街满族镇

吉林市是我国东北地区历史最悠久的城市之一，城市历史最早可追溯到西汉时期。当时，今吉林市郊东部山地，曾有夫余国的早期都城及高句丽时期的古城。渤海国时期，北部河流右岸有涑州治所。金代在附近另建乌拉洪尼勒城，后毁于战乱。明代，海西女真乌拉部重修乌拉洪尼勒城，命名为"内罗城"，又在内城外围北、东、南三面筑城墙，称为"外罗城"。如今，明乌拉古城依稀可见当年的格局，城墙轮廓犹在（左页图）。清初，又于乌拉古城东南建乌拉新城，即今乌拉街满族镇驻地。
摄影／潘桂霞

形式，宣布春天的降临。这就是辽王朝的"春捺钵"。"捺钵"是契丹语的音译，意思是皇帝的行宫。

唐亡之后，渤海国也因为腐化变得暮气沉沉。契丹，这个出自鲜卑宇文部的古老民族乘势而起。916年的春天，契丹首领耶律阿保机，在今天的内蒙古赤峰市八仙筒一带的龙化州称帝，开创了一个与五代、北宋相始终、享国210年的强大王朝。

在传统典籍中，辽是一个被低估的王朝。辽的国力丝毫不逊于宋，占据幽云十六州之后，辽的南部疆域已经伸入中原腹地，西部则涵盖了西域大部。

与渤海国虔心汉化有所不同，辽虽然也大量吸收中原文化，但也注重通过各种方式保存自己的传统文化，"捺钵制"便是其中之一。所谓捺钵制，意即辽朝的皇帝并不像中原王朝那样长年居守京城，而是四季各有行宫，巡回处理军国大事。捺钵制源于契丹人"秋冬违寒，春夏避暑"，随着季节和水草变化四时游徙渔猎的生活习俗。立国之后，四季捺钵的主要地点逐渐固定下来，而春捺钵的所在，就在白城一带。更准确地说，是在白城市洮北区德顺蒙古族乡古城村内。洮儿河北岸的城四家子古城，就是1039年设置的长春州（《辽史·本纪》），是辽帝国的春猎之地，也是其春季政治中心。

这曾经是一座繁华的都市，拥有宫殿、街道、商埠、酒楼、茶肆、作坊，以及戒备森严的节度使衙门和军营。宋德辉先生耐心地向我一一指点着城墙、城门、角楼、瓮城、马面……

捕猎人早已不在。我只

**明乌拉古城被洪水
损毁之后，清朝在
其东南建乌拉新城**

乌拉新城
时间：清初至民国
地点：吉林市龙潭区
乌拉街满族镇

吉林省明清时期的古城，
早年多为海西女真各部的
都城所在。努尔哈赤消灭
海西女真各部后，乌拉老
城被毁。不过，清朝入主
中原后，将乌拉城一带视
为发祥地，将其设为打牲
乌拉总管衙门。所以，这
一带持续繁荣了下来。下
图为晚清打牲乌拉总管衙
门地方总管"后府"宅
院及其精美石雕、砖雕。
摄影／潘桂霞

明永乐七年至宣德八年（1409—1433）明奴儿干都司及海西女真各部位置图

能在风雪中，想象着这座辽代春季行宫曾经的春暖花开：河里的冰化开之后，南飞避寒的各种鸟儿也将陆续回来，到那时，放飞海东青捕猎天鹅，将成为辽人新一轮的狂欢。参与宴会的，除了契丹的文臣武将，还有宋、夏等国的使节，也少不了东北各部的首领……

这座以春为名的古城，也见证了辽帝国的寒冬末日。在1112年的春捺钵头鱼宴上，辽天祚帝当众羞辱了一个前来朝贡的部族首领，三年后，这位名叫完颜阿骨打的女真人，在今天的黑龙江省哈尔滨市阿城县区南，一个也叫白城的地方建都立国，国号大金。完颜阿骨打开国的第十年，金灭辽。两年后，金军攻入宋都汴梁，宋室南迁。

离开白城后，我又去看了四平市梨树县的偏脸城，一座跨越辽金的古城。古城修建在一道东西走向、长达十公里的山岗上，略呈方形，地势西北高而东南低，形如歪斜的人面，因此得了"偏脸城"这个有些戏谑的名号。金灭北宋后，徽、钦二帝就曾被囚于此城达两年之久。

明清交替在吉林：古城狼烟，见证中华大一统王朝的大篇章

"我叶赫氏就算只剩下一个女人，也要灭掉建州女真！"四平市铁东区的叶赫古城上，对着一座圆形土丘，我耳畔反复回响着这句咬牙切齿的诅咒。这是叶赫城主金台石的一句遗言。土丘本是一座建有亭楼的高台。当年，就在这里，金台石被努尔哈赤绞杀。

金台石是海西女真叶赫部的首领。而四平的叶赫古城，则是叶赫部自明正德年间定居于此后所建的都城。1619年，建州女真首领努尔哈赤灭叶赫部之后，纵火焚毁了叶赫城。

建州女真欲统一各部，而叶赫是最强的，也是最后的对手。叶赫、辉发、乌拉、哈达为海西女真四部，主要活动在今吉林中西部地区。灭掉叶赫部之后，努尔哈赤的目光开始投射到山海关，以及关内的北京紫禁城。

1635年，努尔哈赤的继承人皇太极，正式将女真族改称"满洲"，以此向天下宣告，这个古老的民族已经涅槃重生。金台石的诅咒令我感慨不已。我们当然不能将清王朝的覆灭归咎于一个

乌拉"后府"石雕与砖雕堪比晋商大院

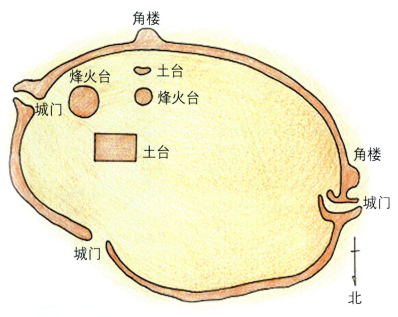

角楼

烽火台　土台

烽火台

城门

土台

角楼

城门

城门

北

明叶赫东城平面图

叶赫古城不仅留下了那个著名诅咒，而且是清朝三代皇后的故乡

叶赫古城
时间：明正德至嘉靖时期
地点：四平市铁东区叶赫满族镇

叶赫古城，位于吉林省四平市铁东区叶赫满族镇，分东、西两城，东城遗址位于叶赫河南岸，右页图中的东城，坐落在叶赫满族镇叶赫村西南侧500米处，城址所在地的土丘，高出四周10余米。城垣沿土丘的边缘修筑，平面略呈不规则的椭圆形。东北角处微内凹，内城周长900米，保存较好。城墙被土石堆成刨面近梯形，下宽18米，上宽2米。此二城为明末海西四部之一叶赫部的都城。1619年，努尔哈赤亲征叶赫，叶赫部寡不敌众，东、西两座城池毁于战火。叶赫古城从建到毁，仅46年。叶赫古城是清开国皇帝皇太极的生母孝慈高皇后的出生地，也是清末慈禧太后、隆裕太后的祖籍地。
摄影／孙鑫

女人，但慈禧太后无疑是清帝国晚年的最主要舵手。而她，包括她的侄女、签署清帝退位诏书的隆裕皇太后，都是叶赫部后人。

这片群雄逐鹿的杀戮之地，数百年后，居然变成了全国最肥沃的农田之一。无论是农安的黄龙府，还是辽金偏脸城与明清叶赫城所处的四平一带，均已成为世界著名的黄金玉米带，梨树更是著名的农业大县。放眼望去，阡陌纵横，沃野延展，即便是在雪后，也掩饰不住那种散发自泥土深处的丰腴。

从长春出发，我先后去了农安、白城、四平、通化、集安、延吉、珲春、敦化。这次吉林古城之旅，我的终点是与吉林省同名的吉林市。明乌拉古城，离市区大概半小时车程。与叶赫一样，属于海西女真的乌拉部，也曾经是努尔哈赤最强悍的竞争对手，它被吞并的时间，比叶赫部早了6年。

乌拉古城两面近山，一面近水，正当吉林盆地北口和松花江要道，总面积达90万平方米。正对城门，有一四壁陡峭的土台，就是当地颇有名气的"白花公主点将台"。传说这个土台是乌拉部的白花公主所造。

我无法考证出这位公主的来历。但我知道，当年，乌拉人围绕着这座高台，在城内修建过一座长方形的宫城，并赫然称其为"紫禁城"。作为努尔哈赤重要的养精蓄锐地，顺治皇帝定都北京后不久，便将此地尊为"本朝发祥之圣地"，并封禁乌拉街方圆500里。后来，此地又设打牲衙门，负责向皇家供奉东北特产。

"紫禁城"台址犹在。今天，这座乌拉部的王城，清王朝最重要的贡品基地，旷阔的城墙遗址已经被一个人气旺盛的满族风情小镇包围。"魁府"与"后府"，打牲衙门时代乌拉街最完整的建筑留存，更是直接与商铺民居为邻。而几公里外，便是著名的松花江雾凇岛。

金戈铁马的杀气翻过一页，取而代之的是冬日的生活气息。乌拉火锅、东北杀猪菜、冻梨、烧烤……今日的乌拉街古镇，繁盛而安详。在镇中心我看到了许多猪头，被整齐地摆设成列。吉林的朋友赶紧提醒我，两天后是二月初二，这边有"二月二，吃猪头"的习俗。

我这才意识到，正月已到尽头。再过两个多月，随着积雪融化，冰封已久的黑土地将露出本色，那些沉默的古城也将舒展开宏伟的轮廓。冬去春来，吉林省长期以来被人所忽视的历史文化，也该到破冰解冻的时刻了吧。

（原载于《中国国家地理》2017年第4期）

冰雪丝路"朝贡道"
连接东北与中原的纽带

撰文 / 赵春江　摄影 / 赵春江

考古工作者基于历史考证和实地踏勘，揭示了几千年来，发生在东北这片苦寒之地上被低估的文明之光。冰雪丝路"朝贡道"的重新发掘与呈现，说明了东北地区两千多年来与中原王朝的紧密联系。冰雪丝路与传统的丝绸之路、海上丝路、草原丝路等古代通道互鉴，从沙漠到海上，从山川到草原，这些丝绸之路是世界文明命运共同体的明证。它们不因时光流逝而褪色，亦不因岁月尘封而湮没。本文仅略叙冰雪丝路"朝贡道"现象，虽为一个剖面，却与家国社稷息息相关。

东北地方民族政权渤海国存在了228年，其间数次迁都，地点分别为今吉林省延边朝鲜族自治州敦化市、和龙市、珲春市和黑龙江省牡丹江市宁安市，其间定都宁安的时间最长。因此，在渤海国朝贡道中，从牡丹江大本营出发，经敦化一路向南的路线使用最久。至今，在敦化市官地镇南天门村牡丹江右岸，还有一条数公里长的渤海国古道清晰呈现。图中二人正踏着厚厚的积雪，行走在千年古道上。

提到丝绸之路，你可能会想到大漠里的驼铃声声，或者海上货船高张的风帆。相对少有人知的是，中原王朝的丝绸等物品，也曾顺着"冰雪丝路"来到了冰天雪地的东北。

冰雪丝路是吉林省文化和考古工作者基于历史考证和文化遗存，依托"一带一路"倡议，提出的文化构想和概念，是对历史上东北亚丝路寒地贸易、政治、外交、军事路线的特色表达。从春秋战国、汉唐到明清，中原文明通过冰雪丝路，推进了东北地区民族交往和社会进步。冰雪丝路是促进古代民族团结、国家统一和社会发展的大通道。

一只飞隼带来的信息，听孔子给我们讲朝贡道上的故事

这是一个两千年以前的故事，一切听着神乎其神，就像是一个神话，却是真实的历史。

春秋时期，孔子带着弟子周游列国，来到陈国，史籍《国语·鲁语》记载："仲尼在陈，有隼集于陈侯之庭而死，楛矢贯之，石砮，其长尺有咫。陈惠公使人以隼如仲尼之馆问之，仲尼曰：'隼之来也远矣，此肃慎氏之矢也。昔武王克商，通道于九夷、百蛮，使各以其方贿来贡，使无忘职业。于是肃慎氏贡楛矢、石

"五京"的繁荣千年一梦

渤海国模仿唐朝，设有"五京"，分别为上京龙泉府、东京龙原府、南京南海府、西京鸭渌府、中京显德府。其中，上京位于现在的黑龙江省牡丹江市。下图为从空中俯瞰唐代渤海国上京遗址。

楛，其长尺有咫。先王欲昭其令德之致远也，以示后人，使永监焉，故铭其栝曰'肃慎氏之贡矢'。"

在场的众人皆大惊，想象不出这千里之外的肃慎之物，怎么会被一只飞隼带来。孔子让他们回库府里找一找，众人果然在金椟里找到了与飞隼身上一模一样的箭矢，已经尘封数百年。这说明肃慎与中原的联系久矣。

又据《左传·昭公九年》记载：周景王向天下宣示"肃慎、燕、亳，吾北土也"。这里的北土，就是今之东北，包括长白山脉、张广才岭、松花江、鸭绿江、图们江流域，乃至远东一带。至晚在3000年前，肃慎已经通过"楛矢石砮"，与中原王朝建立了联系。有

学者研究表明，楛矢即用楛制作的箭杆，至于楛是哪种材料，有的说是桦木，有的说是荆属灌木，有的说就是苕条。苕条就是今天编筐挝篓的材料，分布在长白山区至辽河流域，多生于山川湿地和平原河流岸滩，其质地柔韧且富有弹性，细的可以做箭杆，粗的可以做弓。

历史车轮滚滚前行，东北少数民族与中原王朝联系逐渐紧密

据《后汉书》记载："挹娄，古肃慎之国也，在夫余东北千余里，东滨大海，南与北沃沮接，不知其北所极。"到了汉晋时期，当时的肃慎被称为挹娄，开始步入文明社会，

复原朝贡道路线，旧日时光于眼前复现

如今，朝贡道的许多路段被掩埋在历史的尘埃之下，千百年的时光拂去了曾经热闹的痕迹，但我们仍可以根据史料记载和考古发掘的物件推测当年的朝贡道路线。下图是东北朝贡道的路线示意图：从黑龙江省起始，途经吉林省、辽宁省，一直蜿蜒到北京、西安。在古代，这是耗时良久方能走完的漫长行程。绘图／Handi工作室

有了规模化的农业、畜牧业、手工业，"有五谷、麻布"，"出赤玉、好貂"。特别是楛矢石砮的制作，进入一个更高级的阶段，"弓长四尺，力如弩"，可以想见，在冷兵器时代，手握一支楛矢，该是何等威风凛凛，令敌丧胆。史料描述：挹娄人凶悍耐寒，以穴为居，善猎，箭"发能入人目"，"镞皆施毒，中人即死"。挹娄人在不断强大的同时，始终与中原王朝保持联系，数次到中原通好，献弓矢、貂皮等。236年，挹娄派使者前往洛阳，向魏明帝献楛矢。

魏晋以后，挹娄之名渐渐退出了历史舞台，到南北朝时，该民族又被称为勿吉。《北史》记载：勿吉"国南有从太山（长白山）者，华言太皇，俗甚敬畏之，人不得山上溲污，行经山者，以物盛去"。连大小便都不能留在山上，足见勿吉人对长白山是何等的顶礼膜拜。勿吉人对山的敬畏与今天的环保观念不可同日而语，但从中也可窥见这个族群日渐步入文明的曙光。勿吉人一方面知道要建立强大的部落联盟，另一方面越来越重视与中原王朝的关系。475年，勿吉派一个叫乙力支的人，带队到北魏首都洛阳，就东北发展与走向，征询洛阳方面意见。此间近百年，勿吉遣使30余次到中原朝献，有时进贡使团多达500人，一次进贡良马500匹。

到隋唐时，勿吉改称靺鞨。据史料记载，581年，靺鞨酋长首次朝拜隋朝廷，隋文帝杨坚在长安大兴殿举行欢迎宴会，说："今日相见，实副朕怀，朕视尔等如子，尔等宜敬朕如父。"酋长谦恭地说："臣等僻处一方，道路悠远，闻内国有

圣人，故来朝拜，既蒙劳赐，亲奉圣颜，下情不胜欢喜，愿得长为奴仆也。"

隋末至唐初，靺鞨人随两朝东征西讨，屡立战功。在黄斌等著《渤海国史话》一书中，是这样概括的：自古以来活跃在东北的民族，经过长期的大调动、大迁徙，民族意识不断发生重大变化，嬗变融合成东北各个历史时期的若干个民族。同时，东北各民族均与中原历代王朝有着密不可分的联系，他们的活动构成了祖国多民族大家庭绚丽多彩的历史。这也为后来渤海国的建立奠定了基础，厚植了历史的底蕴。

"震国"称藩，册封渤海

2023年2月，东北大地还是一派冰封雪裹，我们驱车来到吉林省延边朝鲜族自治州敦化市，站在城子山山头，放眼望去，这是一大片比较平缓的谷地，周围群山环抱，牡丹江在中间七环八绕穿行而过。

让我们将时光之钟拨回到698年。就在我们脚下的城子山上，旌旗猎猎，阵仗雄威，一位首领振臂一呼，建立了"震国"，自立为震国王。这位雄才大略的主儿，名大祚荣。

关于"震国"名称的由来，尚未有确论，后人有四五种分析判断，有说因大祚荣承袭父亲被武则天封的"震国公"而来；有说"震"是八卦的方位"东北"，而大祚荣政权正是在中原王朝的东北方；有说"震"是"振国"，威震四方。

"卧榻之侧，岂容他人鼾睡？"唐朝的嗅觉是灵敏的，一刻也没有停止探寻。705年，"震国"建立仅7年，唐中宗李显在朝政尚未稳定之时，就派遣侍御史张行岌首次访问"震国"。

大祚荣审时度势，思忖再三，最终放弃了与西邻突厥结好的想法，确定了与唐朝的隶属关系，"震国"对唐朝正式称藩。

713年，唐朝派遣鸿胪卿崔忻前往"震国"，传达皇帝谕旨，举行了隆重的册封仪式，赐郡名为"渤海"，已用15年的"震国"之名结束了历史使命，从此，渤海作为海东盛国，在东北大地闪耀了200余年。

再说崔忻在渤海逗留1年之久，可见此行使命非凡，714年（唐开元二年），崔忻返回唐朝，经今旅顺，感天慨地，挖井两口，勒石立碑："敕持节宣劳靺羯使鸿胪卿崔，忻井两口，永为记验，开元二年五月十八日。"

鸿胪井刻石及拓片

《旧唐书》记载："睿宗先天二年，遣郎将崔忻往册拜祚荣为左骁卫员外大将军、渤海郡王，仍以其所统为忽汗州，加授忽汗州都督，自是每岁遣使朝贡。"这段文献记载与黄金山下的鸿胪井刻石相互印证，证实了唐朝政府派遣官员册封渤海国的史实。鸿胪井刻石距今已有1300余年历史，是唐朝与周边民族政治、经济、文化交流的重要实物凭证，是东北地区唯一的一块唐代刻石，具有十分珍贵的史料价值。

"海东盛国"渤海国，与唐朝 "车书本一家"

渤海立国前后计228年，其间四度易都，742年之前，国都从渤海旧国（今吉林省延边朝鲜族自治州敦化市）迁至中京显德府（今吉林省延边朝鲜族自治州和龙市），755年迁至上京龙泉府（今黑龙江省牡丹江市宁安市），785年迁至东京龙原府（今吉林省延边朝鲜族自治州珲春市），794年复迁回上京龙泉府，其中，定都在上京龙泉府的时间最长，达165年。

如前所述，我们2023年2月从敦化起始，又一路北上，来到黑龙江省宁安市渤海镇，镜泊湖畔一座安宁静谧的小镇。牡丹江市和宁安市摄影家协会的金明哲主席和丁影秘书长，盛情充当了我们的向导，镜泊镇文化站的丁冬又给我们做起了解说。

真是不来不知道，一来吓一跳。

上京龙泉府宫城遗址，城墙四至轮廓清晰，宫殿基址柱础基石排列依旧，大如箕笋，据此推算，当年宫殿建筑相当于如今的7层楼高，在古代是何等巍峨辉煌。上京龙泉府宫城遗址内有按1:6缩小而建的宫殿，特别引人关注，它没有正门，只有两边的侧门，工作人员告诉我们，古代宫殿正门只有皇帝独享出入，其他臣属只能走侧门，渤海国也是这样，为向唐朝表示臣属之心，索性在宫殿建筑上直接取消了正门。

在上京龙泉府宫城遗址内的兴隆寺里，最引人注目的是石灯幢，纯纯的渤海物件，火山岩材质，榫卯结构，国家级重点保护文物，历经1300余年仍保持完整。伪满时期日本人曾觊觎此宝物，意欲盗走或破坏，因忌惮寺庙有神灵和当地僧众护佑而作罢。此石灯幢，现国内只有3座，另两座据说分别在杭州和泉州。神奇的是，丽日晴天，

大祚荣像

站在石灯幢下，上午10点和下午2点，太阳、石灯幢窗口和人的视线可三点连成一线。我们在寺内拍摄时，恰好赶上了这幸运之光。

沿着渤海朝贡道，丁冬带我们来到了镜泊镇湾沟村河北屯的山沟里，这里距镜泊镇60公里，是一个U形河谷，右侧是鹤大高速。我们来到左侧前方山坡下，是由20余棵百年古树围绕的一个地方，在这早春光秃秃的农田里特别显眼，这就是"二十四块石"其中的一处所在。"二十四块石"为3行，1行8块，等距离排列，分布在黑龙江省牡丹江市、吉林省延边朝鲜族自治州敦化市、汪清县及境

冰雪丝路上的文物，证实了唐朝与渤海国紧密相连

在当年渤海国故地，考古工作者发掘出了一些重要的唐代文物。本页中的渤海蔓草纹金钵、渤海金带铐均为吉林省境内出土的渤海国时期文物。专家推断，当时渤海国还不具备制造这些精美物件的工艺和工匠，这些物件应为唐朝赐予或回赠给渤海国的。渤海陶供养人头像、渤海都城出土的建筑构件亦极其精美。

渤海时期金带铐

渤海时期蔓草纹金钵

渤海时期陶供养人头像

渤海时期建筑构件

外，现存12处。长期以来，其用途说法不一。据王绵厚先生所著《中国东北与东北亚古代交通史》（2016年版）291页、292页所述："纵观上述二十四块石遗址的分布，学界的共识是，二十四块石遗址与交通有关，属于驿站性质的建筑。"王先生的依据是：其分布交通走向明确，由渤海"旧国"，北经上京，东转"龙原府"和"南海府"的干道之间；其建筑规制相同，都具有纵横3行各8块础石结构，凸显其交通规制的完善和统一性；从遗址分布看，都应在渤海国范围内。

近年来，考古发现证实，二十四块石遗址为金东夏国粮仓遗址。

渤海国存在了228年，其间不光是通过朝贡道向唐朝纳贡，还不断地向唐朝学习。因此，民间一直流传着渤海就是"小唐朝"之说。

在渤海国228年的历史中，唐朝向渤海派遣有记载的册封使13次，见于记载的渤海遣使朝贡99次。朝贡者中还有学生，他们就在长安参加科举，进士及第者不在少数。

唐代本身就是一个盛世，渤海贡唐、学唐、仿唐，直到渤海文化与唐代文化几乎一模一样。渤海与唐，在同时代就被唐人誉为"车书本一家"。渤海在教育、文学、宗教、建筑、雕刻、绘画等方面都学习承继了唐代，成为东北及东北亚的"海东盛国"。

在这条朝贡道上，往来的不仅有贡品、赐品，更有流动着的文明。

明末贡道，
竟托起了一个王朝的诞生

历史常常令人唏嘘，盛极 200 余年的"海东盛国"，于 926 年被更加强悍凶猛的草原铁骑契丹所灭。此后，东北历经辽、金、元等政权更迭，贡道依然是重要的道路，但"贡道"的功能基本不复存在，直到明朝，一个叫努尔哈赤的人出现，"贡道"才被重新利用，而且托起了一个新的王朝。

当时，朝廷一方面腐败无能，一方面又搜刮民脂民膏，更加激化了社会矛盾，特别是东北地区，这里本来就部族林立，其中的"建州三卫"，

更是一面内斗，一面对朝廷虎视眈眈。为了加强统治，明朝廷规定"建州三卫"每年必须前往北京朝贡。用现在的话说，当年的朝贡，有点"拿豆包换大米"的意味，"建州三卫"以马匹、人参、貂皮、鹿茸、松子、蜂蜜等土特产换取绸缎、服饰、粮谷、犁铧、铁锅等生产生活必需品。

踏着早春长白山深没膝盖的积雪，我们来到吉林省白山市江源区佟家老营附近的贡道老岭关隘，这里还有 1908 年东三省总督徐世昌奉诏立的"荡平岭碑记"。这条贡道，西连现在的临江市花山镇珍珠门村和松岭雪村，这一线，被东北历史学者曹保明

"车书本一家"，唐朝文化对渤海国影响甚为深远

渤海国的建筑风格受唐朝影响颇深，左页图为吉林省白山市长白朝鲜族自治县的灵光塔，是渤海国仿唐朝修建的佛塔，距今已有 1300 多年的历史，仍以原风貌矗立在此。灵光塔原名早已失传，现在的名字为清末长白府第一任知府张凤台所取。唐代的建筑能保存至今，在全国都是较为罕见的。下图为萨其城，渤海国时期的山城。沿着山脊一路眺望，可以看到城墙。古代的北方少数民族喜欢在山上建城，"萨其"在满语的古词当中是"砍平"的意思，清代名臣福康安的老家就在山脚下，如今仍有满族人在此生活。摄影／许阳

先生考证为"老道槽子"，即古道在山间的很多段落形成了深深的人马踩踏和车辙沟印痕。

1583年，努尔哈赤被明朝任命为建州左卫都督，成为时任辽东总兵李成梁的得力干将。他一面跟随李成梁东征西讨，一面积累经验和人脉，等待时机。他深谙借朝贡之名走私的机妙，别人走私只为一口饭，他却在走私中看到了巨大的机会。据明末清初学者彭孙贻所著《山中闻见录》记载，努尔哈赤"独擅人参、松子、海珠、貂皮之利，日益富强，威制群雄"，"敌贿边吏，改北关从间道，开原路梗，尽并入清河"。

努尔哈赤以一个建州左卫的小官，继承祖、父遗甲十三副，对女真各部展开了兼并战争，经过20余年的拼杀，统一了松花江流域和长白山女真诸部。1616年，努尔哈赤在辽宁新宾赫图阿拉建立"大金国"（后金），1618年起兵反明。清兵1644年攻入北京，灭亡了明朝。

一条贡道，承载了一个王朝的乡愁

有清一朝，发迹于白山松水，视长白山为龙兴之地。与渤海的藩贡和明代的纳贡不同，到了清代，进贡就是大清的家事了。

也是在2023年这个早春，我们来到吉林省吉林市舒兰市法特镇，清代四大边门最北边的边门——法特哈门，边墙尚见依稀残迹，驿站早已了无踪迹。

在当地文史工作者陈友义和乡贤赵鸿儒的引领介绍下，我们来到附近的鳇鱼村，松花江

"鳇鱼贡"，催生了清代"皇家工程"鳇鱼圈

清代康熙年间始，北起黑龙江、乌苏里江至松花江等江河沿岸地区，定期为朝廷进贡鳇鱼。下图近处的水体是吉林省吉林市舒兰市法特镇的鳇鱼圈，远处的松花江如银练一般在大地上蜿蜒穿行。鳇鱼是献给清朝皇室的重要贡品，味美鲜香。康熙有诗云："更有巨尾压船头，载以牛车轮欲折。水寒冰结味益佳，远笑江南夸鲂鲫。"而鳇鱼圈则是人们春夏捕捞鳇鱼后，秋冬送上贡道前圈养它们的地方。右页图为20世纪50年代，松花江上的渔民捕到大鳇鱼的情景。
供图／王锦思

在此绕了一个大弯，村子的西南有个小山包，名珠山。背依珠山，利用江湾，人们造了一个很大的水坑，堤坝高筑，四至规整，现在仍有两米多高，上可行车。这就是鳇鱼圈。春夏之交，人们在松花江捕猎鳇鱼，放在这里圈养数月，待到11月冰冻，捞出送往北京，而且每条鳇鱼都要用黄绸缎系裹，以示为皇家贡品。据史料记载，仅舒兰一地水系，每年可产鳇鱼一百万条，今天听来，真是难以置信。

鳇鱼圈和鳇鱼村因此得名，别小看了这个小村，康熙曾来过。

1698年，康熙已经平定了三藩之乱，心情大好，祭拜祖陵和望祭长白山又被提上日程。农历九月初，康熙出紫禁城，绕行草原道，奔吉林而来。古时，皇帝停留的地方那还了得，不能叫住宿下榻，而叫驻跸。康熙驻跸法特哈鄂佛罗（今舒兰市法特镇是清代柳条边最北的边门，亦称法特哈门）。其起居注官之一，是纳兰明珠次子揆叙。他的哥哥就是康熙宠臣，可以殿前带刀行走的清朝第一词人纳兰性德。不过此时，纳兰性德已经病故13年，不知道康熙一路行来，同样爱好诗词写作的他，是不是还隐隐地心痛，忆起纳兰性德的"山一程，水一程，身向榆关那畔行……聒碎乡心梦不成，故园无此声"。

康熙在舒兰鳇鱼圈连续捕鱼4天，然后才恋恋不舍地逆江而上，前往船厂（今吉林市）。这是康熙第三次东巡，也是最后一次。

在松花江上，还有一处鳇鱼圈，同样为清朝专设，性质相同，就是德惠鳇鱼圈，在德惠鳇鱼岛上。附近岸上还有1887年立的"贡江碑"一座，碑文为划清地界、分配资源、处理纠纷、贡奉鳇鱼等内容。

其实早在1648年，清廷就在明代海西女真旧部吉林乌拉城设立打牲乌拉总管衙门（打牲，意为渔猎；乌拉，意为江），其总管级别也从六品升格为四品，又升格为正三品，足见清廷对此地的重视。打牲乌拉总管衙门专门为清皇室置办地区特产，包括裘皮、东珠、人参、鳇鱼、猎鹰、松子、蜂蜜等。

打牲乌拉总管衙门是清朝在外设置最久的衙门，史上曾有"南有江宁织造，北有打牲乌拉"一说，直到1911年，打牲乌拉总管衙门撤销，一个王朝的乡愁旧梦就此落幕。东北"朝贡道"也结束了它的使命，而历史的车轮，依然在冰雪丝路上隆隆前行。

（原载于《中国国家地理》2023年第6期）

明明是华美的中国绸衣，
在日本为什么被叫作"虾夷锦"

在北海道博物馆里，收藏有多件精美的丝绸织品。
这些衣物无论是样式还是纹样都有着明显的中国元
素特征，但在关于它们的介绍中却写着：这类丝绸
织品被称为"虾夷锦"，是江户时代生活在北海道
的"虾夷人"（今日本阿伊努人）进贡给日本幕府的
贡品。以渔猎为生的虾夷人根本不善织造，怎能拿
得出如此精美的贡品呢？这些丝绸织品究竟来自何
方呢？追寻着丝绸的踪迹，一段不为人知的历史渐
渐展开，一条意想不到的丝路慢慢浮现，它沿着松
花江、黑龙江蜿蜒向前，跨过大海直至库页岛（今
俄罗斯萨哈林岛）、北海道。
供图／北海道博物馆（许阳、郭睿协助提供）
绘图／刘春田

揭秘中国一条不为人知的
丝绸之路
从白山黑水间通往
库页岛、北海道

撰文/赵 力 绘图/付大伟

1411年，在郑和初次下西洋6年之后，大明朝的另一位宦官亦失哈，也踏上了一条遥远的莫测征途，他要前往黑龙江尽头的奴儿干，"柔化斯民，宣示国威"。此后22载，亦失哈九上（一说"十上"）北海，中国历史上一条水陆并行的丝绸之路也因此走向辉煌——它在白山黑水间推进，沿着松花江走到黑龙江尽头的库页岛，再辗转抵达日本北海道……然而，与其他几条声名赫赫的丝绸之路不同，这条丝路很少被人所知，亦失哈的史迹也几乎要被历史的尘埃所湮没。

鄂霍次克海

奴儿干都司
满泾站 囊尔哈卫
别儿真站 黑勒里站
弗多河站
沼阴站 兀列河卫

五速站
虎把希站 卜勒克站
忽林站
鞑
马勒亨古站
伏答林站 靼
撒鲁温站
海
哈儿分站
古伐替站 野马儿站 峡
奴和温站
莽吉塔城 药乞站
乞列迷城
奥里迷站 考郎古城
弗踢奚城
鲁路吉站 托温城 弗思木城
伏答迷城站
哈三城哈思罕站 阿陵站
三姓丝城（清代）
白主（清代）
尚京城
阿木河站
宗古（清代）
兴凯湖

日 本 海

开原丝关，
一个历史巨人留下的背影

···············

明永乐九年（1411年）的早春，大明朝的丝关开原（今辽宁省开原市老城），烟柳吐翠。清河码头上，一溜儿大车已装满布帛丝绸、粮食器具，千余官兵以及随行的女真千户、百户们排列整齐，等待着出发的号令。所谓丝关，即明王朝在这里设关隘以进行互市，以丝、绢、米、盐，换取少数民族的马匹、貂皮、人参等土特产。

迎恩门前，一位宦官坐在一匹蒙古马上，一脸庄严。他就是亦失哈，那年，他大约30岁。亦失哈出生于松花江畔的一个女真家庭，又名亦信，赐姓张。他此行的目的地是远在极北之地的奴儿干都司，奉明成祖朱棣之谕，他要前往那里，"柔化斯民，宣示国威"。当时的大明王朝建立已40多年了，周边国家部族进京朝拜称臣的首领使臣多得不可胜数，只有远在奴儿干

600多年前
发生在黑龙江入海口前激动人心的一幕

在明朝设立奴儿干都司对黑龙江下游地区进行统治之后，太监亦失哈多次奉命去对当地部族宣谕抚慰。1413年，亦失哈第三次去奴儿干都司时，在都司城西南、黑龙江恒滚河（今阿姆贡河）对岸山上修建了一座寺庙，祈愿奴儿干地区与人民永世昌宁，故名"永宁寺"。在永宁寺前，亦失哈向当地的各部族赏赐衣帛钱钞、谷米酒馔，使得男女老幼无不宾服，纷纷高呼：子孙世代臣服。（上图）绘图/刘春田

地区的人始终没有到来。亦失哈明白，那里路途凶险，人悍好斗，此去，吉凶未卜。

终于，亦失哈的队伍启动了，车辚马萧，直奔镇北关古道。古道那边刚刚造好的巨船，已然泊在松花江畔。船厂就在今天吉林市丰满区江南乡的阿什村。明永乐七年（1409年），明成祖下令在此设置中国北方最大的造船基地，负责建造运载官兵、粮草和赏赐物品的船只。

亦失哈的队伍到达船厂之时，浩浩荡荡的春汛正从长白山上汹涌而下，借江水满涨之势，他们开始了远征。此次远征共动用25艘巨船。所谓巨船，除载货外，平均每船40余人，比起郑和下西洋每船600人，实在不值一提。但是，如此大规模的船队出现在松花江上，也是开天辟地的第一回。

南来的江风鼓荡着白帆，船队浮江而下，逶迤进入松花江干流，再在同江转入黑龙江，江面宽阔，船队乘风破浪，直奔奴儿干。

奴儿干，满语意为"风景如画的地方"，即今天俄罗斯远东地区的特林。

贡道、驿道、商道，
白山黑水间古道绵延千年

亦失哈船队的欸乃声，唤醒了白山黑水间的一条古道。这条古道滥觞于汉魏，重叠着夫余、挹娄、靺鞨人的足迹，辽金两朝的车轨，还有元人马蹄的印痕。

回望历史，《三国志·魏书》载："在国衣尚白，白布大袂，袍、袴，履革鞜。出国则尚缯绣锦罽。"夫余国，建立于西汉初期，是汉魏晋王朝最忠实的朝贡成员，最盛时分布在松花江流域到嫩江下游地区；缯绣锦罽，这些都是当时只有中原地区才可出产的精美丝织品。这段记载言之凿凿地表明，中原地区的丝绸最早在汉魏时期就已进入了东北。可惜，这条丝绸之路的确切路径，史籍未载。

夫余国力衰弱后，曾为夫余藩属的挹娄人直接向中原王朝朝贡。魏景元三年（262年），挹娄王向魏元帝贡献弓30张，石弩300枚、皮骨铁杂铠20领、貂皮400张。魏元帝回赐锦罽和绵帛。对于尚处于前国家形态的挹娄人来说，朝贡活动的政治意义远不如经济交往更具有吸引力，他们在进行朝贡活动时，积极开展物物交换，使得"挹娄貂"不仅在中原闻名，而且也深受江南士人的喜爱，在南朝梁元帝的《谢东宫赉貂蝉启》中就有"挹娄之毳，曲降鸿恩"的词句。而挹娄人交换回来的鲜艳夺目的丝绸服装，又令那些身披兽皮、麻布的当地居民无比艳羡。

丝绸的美丽是令人无法拒绝的。随着靺鞨人建立的"海东盛国"——渤海国的兴起，一条稳固、成规模的贡道也就此形成。据统计，渤海国共向唐朝朝贡140余次。此外，还向后梁、后唐朝贡了10次。在不完全的朝贡记录中，明确赏给渤海丝绸的就有数十条。可以想见，丝绸是当时贡道之上最重要的物品之一。

斗转星移，及至辽国崛起，海东青等鹰鹋成为契丹贵族的最爱，贡道变成了"鹰路"。海东青生长在极北，鹰路随之拓展至黑龙江入海口。"羽虫三百有六十，神俊最数海东青。"沉湎于渔猎的辽廷索求无度，终导致女真人阿骨打"集女真诸部兵马，攻入居庸关"，推翻了辽的统治。

于是，辽"鹰路"又变成了金"鹰路"和官驿。鹰路漫漫，曾走过金太祖等无数英雄；驿路遥遥，宋二帝在凄风苦雨中被押解至"五国城"。宋金议和，在南宋每年向金廷纳贡银25万两、绢25万匹"岁币"的支撑下，这条丝绸之路一时之间无比繁华。丝绸大量涌入金国，留给后世的惊艳，我们可以在被考古界誉为"塞北马王堆"的金代齐国王完颜晏墓中略见一斑。

13世纪，元世祖忽必烈在金代"鹰路"的基础上完善了驿站制度。今天的东北地区，属于元朝的辽阳行中书省，有南北两大驿路干线，向北延伸到黑龙江入海处的奴儿干城，向南抵高丽王都开京（今朝鲜开城），共辖有135个驿站。至元灭，驿道亦荒废。

明永乐七年（1409年），明成祖朱棣下旨：复设前朝旧有驿站，设"海西东水陆城站"（"海西"是明代的一个地域专称，指东流松花江自

历史上不同时期
东北地区与中原
进行交流的其他
几条重要通道

- 唐代渤海国贡道
- 辽代"鹰路"
- 宋金岁币通道

依兰
（辽代·五国城）

哈尔滨
（宋代·上京）

宁安
（唐代·忽汗城）

农安

敦化

公主岭

巴林左旗
（辽代·临潢府）

和龙

昌图

临江

开原

黑山　沈阳

宁城

北京　山海关

涿州

蓬莱

邯郸

西安
（唐代·长安城）

开封　宿州

泗县
（宋代·泗州）

从广义上讲"东北亚丝绸之路"不止一条，其年代上溯久远。文物和文献证据表明，商周之际中原王朝和东北偏远地区的部族就有着往来交流，只是其确切路径今不可考。目前可以考证出的"东北亚丝绸之路"的确切路径，有唐代的渤海国贡道和辽、金的"鹰路"、贡道等。

三岔河至牡丹江、松花江汇合口流域女真居地；"水陆"的含义，即水路、陆路并用），南起拉林河畔的底失卜站（在今黑龙江省哈尔滨市双城区境内），北至奴儿干都司满泾站（在今俄罗斯特林），逶迤 2500 公里，沿途设 10 城45 站。于是，就有了亦失哈九上北海的开拓之行。

此后，在明廷"厚往薄来"的召唤下，女真、吉列迷、苦夷等各族频繁朝贡，继而出现了"借贡兴贩"——明廷除了给予朝贡者数倍于贡品的赏赐外，还允许朝贡者携带部分土特产在京师出售，朝贡者们也以此找到了获利的机会。此时，也许将他们称为"商人"更为合适。他们从黑龙江入海口出发，往返于古道之上，用

开原，世界丝绸之路上唯一的"丝关"

开原是古代东北亚地区物资、文化交流中最重要的节点之一。所谓"丝关"，是指明代在这里设关互市，以丝、绢、米、盐，换取少数民族的马匹、貂皮、人参等土特产，东北地区贸易的80%发生于此。开原，最初建于明洪武二十六年（1393年），老城的城门很有讲究，北门面向边外的少数民族，名为"怀远"；南门面向朝廷，名为"迎恩"。

摄影/郭睿

毛皮山货，换来中原地区的精美丝绸、瓷器，行李动辄多至千柜，少亦数百。明人沈德符《夷人市瓷器》一文载："余于京师，见北馆伴当、馆夫装车，其高至三丈余，皆辎毡、女真诸虏及天方诸国贡夷归装所载。他物不论，即瓷器一项，多至数十车。"

车队如龙，人马如蚁，"贡道"变成了"商道"。以开疆拓土为目的的亦失哈，绝没有想到自己九上北海，最终竟让这条把东北亚地区与中原地区紧密联系在一起的"丝绸之路"达到了鼎盛。

东北亚丝绸之路交通工具的多样化，更是无与伦比的。张骞的大漠丝路，只有悠悠的驼铃声；郑和的海上丝路，不过是海鸥伴随；南方丝路，马帮铓锣而已。而东北亚丝路，不仅水陆并行，且江上既有巨舟扬帆，也有小船欸乃，还有威乎（桦皮舟）；陆路既有马铃叮当，也有牛铎悠扬，及至白雪皑皑，还有狗拉雪橇、马拉雪橇的奇观。

赵评春

黑龙江省文物考古研究所研究员

考古发现证明，早在 3000 年前中原王朝与东北地区之间的道路就已经开通

东北地区与中原王朝交流的历史，远比一般人想象的长。

《国语·鲁语》中记叙过这样的故事：一天，有一只飞隼掉落在陈惠公的庭院里，身上带着奇怪的箭，箭有一尺长。大家都不明白箭的来历，陈惠公就派人去问孔子。孔子说，这是当年周武王灭商后，打通了通向各少数民族的道路，肃慎人以当地的特产"楛矢石砮"来进贡，飞隼身上的箭就是肃慎人进贡的"楛矢"。肃慎人，大

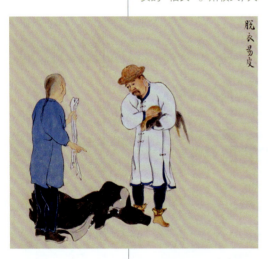

致分布在长白山以北，西至松嫩平原，北至黑龙江中下游地区。此外，辽宁省喀喇沁左翼蒙古族自治县也多次出土了带有西周铭文的青铜器。这些都表明，早在 3000 年前，周王朝已经开启了中原王朝与东北地区的交流通道。这条通道成为实打实的"丝绸之路"，应该是在宋

金时期。由于宋向金纳岁币，丝绸被源源不断地从江南运往北方。据统计，金朝获宋朝丝绸总量约为 2558 万匹，其长约合 332660 公里，基本相当于由金代至淮河边界铺放 140 余层丝绸。1988 年春，我们在金上京齐国王墓发掘出土了完整的金锦面料、丝绸衣裳冠履等。这些丝织品具有素白、耐腐、染红着色等特点，完全合乎历史文献记载宋时嘉兴府（今嘉兴）、吴兴（今湖州）所产优质丝绸的特点。

明、清时期，黑龙江流域的开发贸易进一步加强。明代在黑龙江入海口设奴儿干都司，清代官员定期到奇集（今俄罗斯奇集湖）、普禄乡（今俄罗斯波卡罗夫卡）、莫尔气（今俄罗斯共青城）、德楞（今俄罗斯利特温采沃）等地，接受贡貂并赏乌绫。此时，中原与东北亚地区的交流通道一直跨过鞑靼海峡，远达库页岛。

《东鞑纪行》中记述的发生在黑龙江下游地区的真实生活场景

清嘉庆年间，日本人间宫林藏来到黑龙江下游地区考察后，著《东鞑纪行》一书，该书记叙了该地区的地理、民俗和沿途见闻。在书中记录有，清廷在这一地区设立了三姓副都统衙门，管辖包括黑龙江下游、松花江、乌苏里江以及库页岛等地区。"主要任务是加强对边陲地库页岛的管辖，负责对库页岛上六姓居民收贡颁赏。"间宫林藏还配以自己绘制的插图对进贡仪式加以说明："下级官吏立于栅门外，传唤诸夷之喀喇达（满语姓长）、噶珊达（满语乡长）等按照一定顺序单独进入行署。较高级官吏3人，坐于台上3条凳上，接受贡物，夷人脱帽，跪地叩首3次，献上黑貂皮1张，中级官吏介绍来人之后，接过礼物呈交较高级官吏面前。贡礼结束，赐予赏物。"（上图）发生在当地的贸易，不仅仅是官派色彩很明显的进贡与颁赏，随着官派人员而来的还有一些包括商人在内的民众，他们与当地人也会进行商品交易。当地居民非常喜爱来自中原的丝绸衣物，来自中原的交易者有时会当即脱下自己身上的衣物，与当地人交换毛皮。（左图）

沿江而上，
寻找亦失哈的雪泥鸿爪

然而亦失哈与张骞、郑和的知名度却有着霄壤之别。有人说因为亦失哈没有赫赫的战绩。然则，不战而能屈人之兵，用和平的方式，使黑龙江流域、库页岛人民臣服于大明，设都司于奴儿干，置卫、所、站、寨423个，如此的功业还不足名垂青史吗？

行走在松花江上的亦失哈船队，驶过斡朵里站、一半山站（两站均在今黑龙江省依兰县），桃温万户府古城便遥遥可望了。

桃温万户府古城坐落在今松花江北汤旺河口附近，它的最大特点是曾为辽、金、元、明、清5个朝代所沿用。时至今日，古城遗址依旧高大雄伟，城墙高耸，残存有2米多高，只是东侧的城墙已经被汤旺河吞噬。当地的文物工作者告诉我，由于汤旺河逐年西滚，到了清末，古城大部陷于河道之中，现仅存三分之二。城内，一对农民夫妇正在耕地，刚好捡到一枚铜钱让我们给看看。那是一枚宋钱，上面锈迹斑驳。而我亦捡到了一小块龙泉

《夷酋列像》中身着中国锦缎绸衣的"夷酋"

在江户时代后期，日本著名画家蛎崎波响绘制了一套肖像画《夷酋列像》，画的是12位来自库页岛、北海道的著名"夷酋"。这套画像笔法细腻、用色考究，被认为是研究当时东北亚地区民族、文化的重要证据。我们在这些酋长们身上大多能发现来自中国的丝绸织品。我们从中精选出两幅，供大家鉴赏。

下右图中人物最外面披一件红色外袍，里面是一件青地蟒袍——这本是明清时期大臣所穿的礼服，有时会被朝廷赏赐给黑龙江下游及库页岛的首领用作官服。这位"夷酋"能穿上来自中国的锦缎华服，说明他本身很可能就是接受恩赏的一员。当然也不能排除，这套华服是他与其他接受恩赏的部落首领交易而来。

下左图中人物则把来自中国的华服穿在了最外面。"五爪蟒纹"的纹样及马蹄袖具有明显的清代特征。明代最初关于龙和蟒有着严格的规定——五爪为龙，四爪为蟒，龙纹地位尊崇，故皇帝诸王之外，一般人不得使用。但到后期出现了"五爪蟒纹"的纹样，多见于赏赐外国国王或部落首领（夷王）的衣服袍料中。清代沿用了关于龙纹、蟒纹样式的规定，但越到后期，规定越不严格，清中期以后"五爪蟒纹"也被用在了普通官服上。这位酋长身上的"五爪之蟒"是历史细节的真实再现。

供图／北海道函馆市中央图书馆（许阳、郭睿协助提供）

瓷片，温润如玉，上面布满细密的冰裂纹。古城遗址内的地表上，精美的文物残片俯拾即是。

但是这条丝路上更多城、站，于今却是遗踪难寻。

佳木斯市文物管理站站长高波先生曾带领两个同事花费了近2年时间，经过实地踏查，认为其境内的"敖其湾遗址"即亦失哈当年到过的阿陵站。敖其湾两头与松花江主流相连，是一处难得的天然良港。我看到高波所认定的阿陵站遗址，现存仅有几排木桩，因今年水大，均没入江中。木桩直径在20厘米左右，表面风化，但仍具有很强的硬度。高波认为，这些木桩的作用是支撑一个平台，是码头的桩脚。假如他的推断正确，当年亦失哈的大船靠岸，就是用这个平台与船舷相接。我伫立在岸上，脑海中恍惚上演出当年的场景：浩浩荡荡的船队停泊于此，岸边站满了迎候的当地人，各卫所头目纷纷献上土仪，欢迎天朝钦差的到来。亦失哈笑容可掬，让士兵们抬出丝绸、美酒、粮食和瓷器，大声宣布："这是大明皇帝赏赐给你们的礼物！"人们山呼万岁，中原文明再次浸润这片塞北大地。今天，佳木斯文管站珍藏着与明代成化瓷碗一同出土的带有蟒袍纹饰的丝绸残片。这抑或是亦失哈的遗泽，也未可知。

亦失哈深得人心，使得沿途城站卫所遍布自己的朋友。尤其是自弗思木城（在今黑龙江省佳木斯市桦川县）以下诸卫，有一大批追随他的铁杆"粉丝"：永乐十年（1412年）冬，亦失哈第二次前往奴儿干都司，玄城卫（在今黑龙江省佳木斯市桦川县）指挥和他的妻子、弟弟，弗提卫（今黑龙江富锦市西郊大屯村）指挥金事和他的母亲、儿子等，都不惮辛苦，毅然从行。

亦失哈和明廷对这些效忠朝廷的各族官民非常信任，有功必赏。《明实录》载："上闻弗提斤六城之地肥饶，令指挥塔失往治弗提卫城池，命军民咸居城中，畋猎孳牧，从其便，各处商贾欲来居者亦听。"从此，弗提卫所在的弗提斤城（又作弗踢奚城，在今黑龙江省富锦市）便成了明廷的"经济特区"。女真、吉列迷、苦夷等各族人民带着貂皮、马匹等土产，与来自河北、山东、辽南的汉族商人，交换铁器、农具、丝绸布匹和瓷器。而后来，弗提卫的指挥同知察罕帖木儿还因招抚有功，被准其带领家眷部族572人入朝受赏，定居京师，朝廷赐给房屋、器物，这些人的后裔都成了今天的"老北京"。

亦失哈的"柔化"，换来了黑龙江流域人民对明廷的忠诚。明正统十四年（1449年）"土木堡之变"，蒙古瓦剌部大败明军，英宗被俘，边事大变。但黑龙江流域大部分卫所仍忠于明廷，考郎兀卫坚持朝贡近30次。

所有的史迹，皆散见于古籍中，亦失哈仅存于世的雪泥鸿爪是立于黑龙江下游的两通石碑——永宁寺碑、重修永宁寺碑。明永乐十一年（1413年）亦失哈在奴儿干兴建了一座供奉观音的寺庙，祈愿奴儿干地区与人民永世昌宁，故名"永宁寺"。勒石为碑，作《永宁寺记》，记述自己奉明成祖之命，巡视奴儿干，抚慰各部民众以及修建永宁寺的情况。碑身左右两侧分别用汉、女真、蒙、藏4种文字，镌刻佛教六字真言。明宣德七年（1432年），亦失哈第9次到奴儿干巡视，发现永宁寺被吉列迷人毁坏，一片狼藉。他没有怪罪，没有追究，更没有处罚，而是"仍宴以酒，给以布物，愈加抚恤"。于是，无论老少皆踊跃欢欣，心悦诚服。旋于次年春重建永宁寺，并刻石作《重修永宁寺记》：国人无远近，皆来顿首，谢曰"我等臣服，永无疑矣！"

这句誓言，世代恪守。清嘉庆十三年（1808年），日本人间宫林藏在永宁寺遗址，曾目睹"众夷至此处时，将携带之米粟、草籽等撒于河中，对石碑遥拜"。屈指算来，历经两朝21帝近400个春秋，生活在黑龙江入海口的百姓们对此碑仍敬若神明。

稚内港，曾经是"东北亚丝绸之路"的必经之处

"东北亚丝绸之路"的最后一段，是从库页岛通过宗谷海峡，从稚内港登陆北海道，稚内港也就成了丝绸贸易的必经之处，即使在江户幕府闭关锁国时期，来自中国的精美丝绸依旧从白山黑水间源源不断地流入这里。直到远东部分地区归属俄罗斯之后，这条丝路才断绝。到现在，丝绸的华丽斑斓早已消逝在历史的风烟中，今日的稚内港一如日本任何一个普通而平凡的港口一般。摄影／许阳

虾夷锦，沿着东北亚丝路从江南直到日本

由明而清，朝代变了，丝路却奇迹般地得以延续，清廷经营这条丝路的方式是"贡貂，赏乌绫"。

乌绫是满语"财帛"之意。赏赐的对象是当年奴儿干人民的后裔——赫哲、费雅喀、库伦、鄂伦春、绰奇楞、库野、恰喀拉等诸部落的朝贡者。他们定期向清廷贡献貂皮等土产，清廷在三姓副都统衙门（今黑龙江省依兰县）设专职赏乌绫官员。

每当春暖花开，黑龙江中下游50多个部族的朝贡者，纷纷乘着小船，带着貂皮，来到三姓副都统衙门。官府的贡赏原则是"每一贡貂户赏一套乌绫"。貂皮分三等，颁赏亦分级别。以最低级的一套乌绫为例，包括：毛青布二匹、高丽布三丈五尺、妆缎一尺三寸、红绢二尺五寸、长棉袄及裤子折合毛青布二匹、白布四丈、棉花二十六两，附带赏给零散毛青布二匹、汗巾高丽布五尺、三尺绢里子两块，帽、带、靴、袜折合毛青布二匹，梳子、篦子各一，针三十，包头一，带子三副，棉线三绺，棉缝线六钱，纽子八个。

如此丰厚的回报，激发了朝贡者的积极性。清乾隆四十四年（1779年），受颁赏人数由最初的148人激增到2284人。

为了方便黑龙江下游和库页岛人民，赏乌绫官员还要定期到黑龙江下游设临时"丝城"，接受贡貂和赏乌绫。今天俄罗斯的奇集湖、波卡罗夫卡、共青城、利特温采沃，其遗迹犹存。

清嘉庆十三年（1808年）夏，正红旗满洲世袭佐领托精阿代表三姓副都统衙门，乘官船到德楞临时丝城赏乌绫。在那里，邂逅日本人间宫林藏。托精阿不知戒备，热情款待。间宫林藏回国后，将此行日记编成了图文并茂的《东

刺绣对襟女褂

石青地八团蟒褂

流散各地的中国丝绸
依然绚丽斑斓

在俄罗斯哈巴罗夫斯克的博物馆里，我们可以看到这里收藏的中国丝绸织品（右页图），更多的丝绸文物则藏于日本。据日本学者和中国学者联合调查考证，日本现在存世的"虾夷锦"多分布在北海道地区，在其他各地也有零散收藏。中国清代东北亚地区，特别是黑龙江流域（包括库页岛地区）各族频繁与日本北海道进行贸易，其主要原因是中国丝织品对日本人有极大的诱惑力，进行这种贸易有利可图。据日本学者矢岛睿在《关于虾夷锦名称与形态》一文中引用史料说，1卷4丈2尺长的赤地牡丹团锦，在日本能换取貂皮33张。图为北海道博物馆收藏的刺绣对襟女褂、石青地八团蟒褂。

供图/北海道博物馆（许阳、郭睿协助提供）

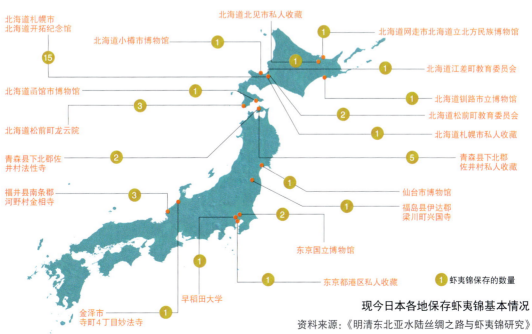

北海道札幌市
北海道开拓纪念馆

北海道北见市私人收藏

北海道小樽市博物馆

北海道网走市北海道立北方民族博物馆

北海道江差町教育委员会

北海道钏路市立博物馆

北海道松前町教育委员会

北海道札幌市私人收藏

北海道函馆市博物馆

北海道松前町龙云院

青森县下北郡佐
井村法性寺

青森县下北郡
佐井村私人收藏

福井县南条郡
河野村金相寺

仙台市博物馆

福岛县伊达郡
梁川町兴国寺

东京国立博物馆

东京都港区私人收藏

虾夷锦保存的数量

现今日本各地保存虾夷锦基本情况
资料来源：《明清东北亚水陆丝绸之路与虾夷锦研究》

早稻田大学

金泽市
寺町4丁目妙法寺

曾经的城站卫所已荒草萋萋

为了加强对黑龙江下游地区的统治，明王朝特意设"海西东水陆城站"，南起拉林河畔的底失卜站（在今黑龙江省哈尔滨市双城区），北至奴儿干都司满泾站（在今俄罗斯特林），逶迤2500公里，沿途设10城45站，并有诸多卫所拱卫之。时至今日，这些古迹大多湮没难寻，少数尚能访得遗踪的也只剩下数段残墙、几抔黄土。摄影/孙静文

鞑纪行》，托精阿的彩色全身像便永远地定格在这本小册子中。《东鞑纪行》生动地描绘了当地原住居民的生活风俗以及贡貂、赏乌绫的场景，并配有彩绘写生，使今天的读者如临其境。

如果说这些文字和绘画还不够生动，那么，摆放在俄罗斯远东地区各博物馆里的中国丝绸及其制品，一经一纬都藏着当年的故事。

中国丝绸还吸引了毗邻库页岛的北海道虾夷人。虾夷人非常喜欢中国丝绸，他们通过换货等方式，从当时的女真人、吉列迷人、苦夷人手里，间接地交换到中国丝绸，此即所谓的"山丹贸易"。"山丹"，虾夷人对黑龙江下游沿岸、库页岛少数民族的称呼，意为"邻人"。虾夷人把从中国交易来的丝绸进贡给日本幕府，来自中国的丝绸衣物从北海道的宗谷（今日本稚内市）上陆，经北海道南部日本松前藩（今日本松前町）流入本州岛的青森，再扩散至江户、京都等地。日本人不知其所来，称其为"虾夷锦"。

今虾夷锦多藏于日本北海道的博物馆和庙宇里，品类、样式繁多，有蟒袍、龙褂、袄子、朝服、打敷、山丹服、袈裟、锦袋、刀袋，等等。在北海道一家博物馆中的虾夷锦上，还有"苏州织造臣曹寅"的标记——曹寅，《红楼梦》作者曹雪芹的祖父。

直到清咸丰十年（1860年），《中俄北京条约》签订，丝路戛然沉寂。

这条丝路在国内的最后一站"药乞"位于黑瞎子岛居中位置，乌苏里江、黑龙江汇合口夹角内，黑龙江右岸。也许是时光无情，也许是人们对其倍加冷落，寻找了许久，我没有发现"药乞"站留下的任何痕迹。

自"药乞"开始，这条丝路上还有22座城站，今日均在俄罗斯境内，不知沦落异国的它们，命运又如何呢？

（原载于《中国国家地理》2015年第9期）

每当我们来到边境珲春，总会有说不出的感受，可谓五味杂陈。站在防川龙虎阁上，一眼望去，"鸡鸣闻三国，虎啸惊三江"。美景、美文后面有多少数不尽的苦涩和辛酸、屈辱与无奈？百年"土"字牌界碑的沧桑，见证着曾经的屈辱。东风吹来，在那里你能嗅到海的味道。江水的尽头就是大海，敬信镇圈河村北更是离海边3公里左右。不到此处，也许永远体会不到什么叫"憾水东流"，什么叫"望洋兴叹"。单之蔷先生在其文章中写道："假如当时保存了1公里长的海岸线，吉林今天都会是另一番景象……"

吉林： 曾是中国最大的沿海省

撰文 / 单之蔷

吉林：最大的沿海省与"望洋兴叹"的内陆省

160年前，吉林省在我国的版图中还是最大的沿海省（面积最大，海岸线最长）。它拥抱着两个海：鄂霍次克海和日本海。它有着漫长的海岸线和一个比台湾岛、海南岛大得多的岛屿——库页岛，还有着沿海星罗棋布的岛屿。沿海岸线，有着许多优良的适宜建造海港的海湾，从这里出发可以直接航行到俄罗斯、日本列岛、朝鲜半岛，可穿越太平洋，到达加拿大、美国的西海岸……这一切并不是中国人关于版图的自我臆想，而是在1689年9月7日中俄签订的《尼布楚条约》（这个条约被普遍认为是一个平等的条约）中被确定下来的，而且这个版图在1718年的康熙朝《皇舆全览图》中也被清晰地标示出来。这个由《尼布楚条约》确定下来的中俄之间的边界，也符合一个重要的规律：假如地球表面大致平坦，那么人类的迁徙和文明的扩张一般都是沿着纬线前行，即按东西（或西东）方向进行。

因为沿着纬线方向太阳辐射的热量大致相同，导致自然环境相似，也就是气候、植被、动物、土壤等相似，因此人类和文化的迁徙与扩张才容易成功。因此俄国从北纬55度的寒冷地带由西向东扩张一直到了堪察加半岛，甚至越过了白令海峡到了北美洲的阿拉斯加，这都是可以理解的，因为符合规律。但是后来俄国的扩张却突然掉头南下，围着中国陆地版图的"鸡头"转了一圈，一直延伸到日本海沿岸的海参崴（今符拉迪沃斯托克）。这就违背了规律。一定是哪里出了问题。

从1858年的《瑷珲条约》开始，到1860年的《中俄北京条约》，再到后来一系列的补充条款，吉林一步一步地丢掉了大片沿海的领土，直至最后丧失殆尽，终于吉林从沿海第一大省变为一个内陆省。这就是俄国掉头南下的结果。

吉林虽然变为了一个内陆省，却是一个站在省界就能望见大海的中国离海最近的"望海省"。珲春市的几个村庄离大海只有2—3公里，在夜深人静的时候，能听到海涛声。大海近在咫尺，却不能前往，"望洋兴叹"好像是专门为吉林准备的一个成语。

俄国的掉头南下是怎样发生的？从中能得到何种启示？

当沙皇任命38岁的穆拉维约夫为东西伯利亚总督时，上层社会一片哗然

在19世纪中叶，沙皇俄国与清帝国在许多方面很相似，都是专制独裁的帝国，都进入了日薄西山的衰退阶段，甚至它们生命终结的时间点也很接近。沙皇帝国被1917年的十月革命推翻，清王朝则在1911年的辛亥革命中结束。这两个封建帝国确实具有可比性，沙皇帝国较清帝国的优势在于科学。就军事力量而言，俄国确实强于中国，但是它的军事优势被距离国家中心的遥远抵消了。就中国丢失东北大片领土这个问题而言，俄国确实不是靠武力夺取的，而是靠别的东西。什么东西呢？人。其中一个关键性的人物就是俄国的东西伯利亚总督——穆拉维约夫。

当沙皇尼古拉一世任命年仅38岁的穆拉维约夫为新的东西伯利亚总督时，整个彼得堡上层社会一片哗然，这个人太年轻了，能否胜任，这是人们担心的主要问题。但后来的事实证明沙皇选对了人。

昔日中国最大的沿海省，今日距海最近的内陆省

清朝时期，吉林成为一个独立的行政区域，清顺治十年（1653年），清政府设置宁古塔昂邦章京，统辖吉林地区，吉林省开始建置。康熙元年（1662年），宁古塔昂邦章京改称"镇守宁古塔等处将军"，1757年，再改称"镇守吉林乌拉等处将军"，简称"吉林将军"，吉林开始作为行政区划的名称。对于吉林省行政区划变迁的历史，我们可以通过三个重要时期的地图来认识。嘉庆二十五年（1820年）时，吉林疆域的北部和东部都直抵海洋，黑龙江口外的库页岛也在其辖区内。咸丰二年（1852年），俄国侵占库页岛，6年后俄国又通过《瑗

珲条约》侵占吉林黑龙江下游大片土地，之后仅仅两年俄国又通过《中俄北京条约》完全占有了吉林乌苏里江以东40多万平方公里领土，接下来清政府同俄国进行了乌苏里江口向南至图们江口的一系列勘界立碑，又损失部分领土，至光绪三十三年（1907年），吉林行省成立，吉林已经由中国海岸线最长的省变成了没有1公里海岸线的内陆省。民国时期及中华人民共和国成立后，吉林省行政区划几经变化，现在吉林省的面积和百年前丢失的领土面积无法相比，只能遗憾地成为中国距海最近的内陆省，距海最近处约3.5公里。

吉林省
距海最近的内陆省

图例

内陆省份

1820年吉林将军管辖范围

1908年吉林省范围

吉林省

不同历史时期的吉林政区变迁图

图例

1820年政区范围

1908年政区范围

现在政区范围

现在国界

现在军事分界线

现在省界

穆拉维约夫是"英雄"，
更是强盗

让吉林版图大为缩小的《瑷珲条约》，打通了俄国人进入太平洋的通道，条约的签订者穆拉维约夫也因此受到了俄国上下的嘉奖，被沙皇封为"阿穆尔斯基伯爵"（俄国称黑龙江为阿穆尔河），成为俄国的民族英雄。100多年后的今天，穆拉维约夫仍然被给予了至高的荣耀，2006年俄联邦中央银行发行的最大面值5000卢布的钞票上就有穆拉维约夫的铜像图案。这座铜像现立于俄罗斯远东第一大城市哈巴罗夫斯克（伯力），穆拉维约夫身着军装，腰挎军刀，脚踩锚链，一手握《瑷珲条约》，一手拿海军望远镜。对于其所在国家来说，他是英雄，但对于中国而言，他却是强盗。

摄影/单之蔷

穆拉维约夫带领着一个人数不多的团队，最终从中国手中为俄国夺得了"鞑靼海峡和贝加尔湖之间最富庶的地域"（马克思语）；"从中国夺取了一块大小等于法德两国面积的领土和一条同多瑙河一样长的河流"（恩格斯语）。一个人一生能有如此作为，寰宇之内能有几人？俄国人明白这一点。当穆拉维约夫在1881年去世后，俄国人决定为他建造一座雕像，雕像在彼得堡由院士奥别库申亲自完成，为全身像，高5米。雕像从彼得堡启程运往黑龙江（俄国人称其为阿穆尔河，本文以我们的习惯称呼）畔的哈巴罗夫斯克。路程是这样的：沿陆路越过广阔的丘陵和平原地带，从彼得堡运到黑海岸边的敖德萨，然后经过了黑海、地中海、红海、印度洋、太平洋……其中穿过了博斯普鲁斯海峡、苏伊士运河、马六甲海峡，

再经兴凯湖、乌苏里江、黑龙江，最后到达哈巴罗夫斯克。雕像就竖立在黑龙江边，穆拉维约夫双手交叉在胸前，一手拿着海军望远镜，一手握着《瑷珲条约》，眼望东去的黑龙江。这座雕像传奇般的经历吸引了我，我曾经越过黑龙江去哈巴罗夫斯克寻找这座雕像，到的时候雕像下面的基座正在维修，看来俄罗斯人今天还很珍视这座雕像。

我的感受是复杂的，这个被俄罗斯人推崇为"英雄"的人物，就是因为他的"出色"表现才割去了中国大面积国土。是强盗还是"英雄"要看站在哪个角度。沙俄在其侵占的土地上，为他立像，不光显示出他在沙俄历史上的作用，更显示出沙俄对远东扩张的野心。我们不侵略、不扩张、不殖民，中国的领土要么是农民的锄头开出来的，要么是游牧民族入主中原"拿"来的，

要么是帝王逐鹿中原统一中国形成的，所以更应倍惜。

2006年俄罗斯发行新版卢布时，最大面值5000卢布的正面图案竟是这座穆拉维约夫的雕像，背面则是横跨黑龙江的哈巴罗夫斯克大桥。

穆拉维约夫与吉林将军

我在看两本书：一本是《穆拉维约夫——阿穆尔斯基伯爵》，这本书分上、下两卷，上卷是传记，下卷则是书信汇编，共有168封，这些信件大都与中俄边界问题有关，其中有呈递沙皇的奏折，以及沙皇的批复，还有与其他上级官员来往的信函；还有一本书《清代中俄关系档案史料选编》第三编，这一编大部分是黑龙江将军和吉林将军上奏皇帝的奏折，时间是咸丰元年至十一年间，也就是1851年至1861年，正是在这段时间沙皇俄国的东西伯利亚总督穆拉维约夫利用各种手段侵入黑龙江和乌苏里江，威逼利诱清朝政府签订《瑷珲条约》《中俄天津条约》《中俄北京条约》以及后续的一系列条约，鲸吞了中国东部100多万平方公里领土。在这段特殊的历史时期内，双方的封疆大吏纷纷给各自的皇帝呈上奏折。把双方的奏折和皇帝的批复等对照着来读，是一件很有意思的事。

我感兴趣的是双方官员的素质比较。我想把穆拉维约夫与吉林将军进行一番比较。他们都是封疆大吏，官职级别相似，职责亦相似。

《瑷珲条约》的签订

这是一幅油画，画作的内容是中俄《瑷珲条约》签订的场面，1858年签订此条约的双方代表是俄国的东西伯利亚总督穆拉维约夫和清政府的黑龙江将军奕山，条约割占了包括吉林将军管辖范围的60多万平方公里的土地，黑龙江也从此由中国的内河变为中俄界河。这种结果有其必然性，当时对黑龙江流域的了解和相关资料的掌握，俄国人比清政府更详细，穆拉维约夫曾数次武装航行黑龙江，而在黑龙江将军和吉林将军中，却找不出这样的人。摄影／王宁

穆拉维约夫明了一条外流河的意义，吉林将军们心中无"意义"

我发现穆拉维约夫经常谈论的就是"意义"，即使他不提这个词。他十分清楚黑龙江、乌苏里江、图们江对西伯利亚乃至俄国的意义。随意在其书信中摘录几段：

"冒昧陈奏圣上：谁要能占领阿穆尔河口，谁就能控制西伯利亚……"

"如果黑龙江不通航，任何行业都不能够发展，都不可能达到理想的规模。"

"西伯利亚除了出产黄金以外，其幅员广大的土地对我国具有重要意义，足够俄国欧洲部分的剩余农业人口开垦一个世纪。"

"必须占领阿穆尔河口并在该河上航行……阿穆尔是通往东方唯一方便的航路。"

……

我在吉林将军、黑龙江将军给皇帝的奏折中从未见过他们谈论过"意义"。

回顾历史，中国之所以丢掉了东部那100多万平方公里的土地，与武力无关，与武器的先进性无关，但是与眼界有关，与官员的素质有关。

东北地区河流水系网络连通的关键一环在"松辽运河"

我国东北地区河流密布，很大一部分面积都属于黑龙江流域，黑龙江全长4370公里，其中中俄界河长接近3000公里。发源于吉林长白山的松花江是黑龙江一条重要的支流，历史上很多时期松花江与其所汇入的黑龙江下游是同名的，沿松花江顺流而下，可到达鞑靼海峡进入太平洋。在东北地区南部，辽河从营口入渤海，也可进入太平洋。"松辽运河"的构想从提出至今已延续百年，连通了松花江和辽河，就连通了东北地区庞大的河流水系网络，也就贯通了南出渤海、北出鞑靼海峡的水运通道。

我国东北地区河流水系图

穆拉维约夫是心中有奋斗目标的人，吉林将军则是"撞钟的和尚"

穆拉维约夫心中的大目标：推翻《尼布楚条约》，重划中俄边界。具体可以分为4个阶段性目标：

1. 沿阿穆尔河航行，为俄国夺得一个向东进入太平洋的入海口。

2. 夺得黑龙江以北的领土（大约60万平方公里）。

3. 夺得乌苏里江以东的领土（大约40万平方公里）。

4. 把俄国的边界沿着海岸一直推进到图们江口。

而读吉林将军们的奏折，感到的是他们已经放弃了思考，只是汇报，他们把一切都交给皇帝来定夺，可是那个咸丰皇帝怎么可能了解这个世界呢？

穆拉维约夫的雕像虽然身穿海军军装，腰挎军刀，最后军衔为陆军上将，但他更擅长社会活动，擅长政治。他知道要推翻《尼布楚条约》，重划中俄边界是一件艰巨的任务，统治阶级内部的倾轧会坏了他的大事。外交大臣和财务大臣都反对他这样做：认为欧洲的战事已经难以应对，不应另起事端，推翻早已有条约划定好了的边界，破坏了与中国的关系，影响中俄之间在恰克图的贸易和税收。为了摆脱羁绊，穆拉维约夫面见沙皇，要求今后诸事直接向沙皇汇报，并且要求摆脱外交部的干涉。

尽管从吉林将军和黑龙江将军的奏折中可以看出他们对皇帝毕恭毕敬，许多鸡毛蒜皮的琐事都要向皇帝禀告，但是由于没有正确的价值观，有时竟会干出让人瞠目结舌的大事来。黑龙江将军奕山作为一个地方官员竟敢代表国家与俄国人签订出卖本国大片领土的《瑷珲条约》，这真是匪夷所思的事。

穆拉维约夫虽然许多时候先斩后奏，但他有价值观，他知道什么是对俄国有利的事，有些事不必奏明皇帝。当沙皇命令他占领乌苏里江右岸时，他说"我很高兴皇帝命令我这样做，但是我早已经做完了"。穆拉维约夫的占领模式是：拉线式占领。因为黑龙江、乌苏里江一带地广人稀，人口大部分沿江分布，穆拉维约夫的策略是以"借道"为名，沿黑龙江航行，沿途偷偷修筑堡垒、据点，这些沿江的据点布置完毕，就像布置下一个个界桩一样，然后逼迫清政府签订条约，承认"界桩"。条约一旦签订，这些界桩就连接成边界，占领完成。

当我比照着阅读双方的这

些奏折书信时，心中早可以做出判断了：在吉林将军、黑龙江将军与穆拉维约夫的争夺中，输赢已经定下来了。这确实与武力无关，而是由眼界决定的。穆拉维约夫也确实没用一枪一弹，赤手空拳为俄国夺得了 100 多万平方公里面向大海的土地。

**乌苏里江口—图们江口
中俄边界大事记**

○ **1858 年 5 月**
《瑷珲条约》将乌苏里江以东直至海边的吉林将军辖区内的 40 万平方公里土地划为中俄"共管"。

○ **1860 年 11 月**
《中俄北京条约》将乌苏里江以东 40 万平方公里领土划归俄国所有。

○ **1861 年 6 月**
中俄兴凯湖勘界会议签订《中俄勘分东界记》，自乌苏里江口至图们江口立 8 个木制界牌，俄将兴凯湖大半及与其相连领土以及图们江沿岸纳入本国版图，并在其后不断私自将中俄界牌移向中国一侧，借此侵占中国领土。

○ **1886 年 5—10 月**
中俄岩杵河勘界会议，确定最南边的"土"字界牌立于距图们江口 30 里的地方。将 7 个木制界牌改为石制界牌，并将界牌增加为 10 个。

○ **1886 年 10 月**
《珲春东界约》规定在 10 个石制界牌之间，再立 26 个石制小界牌，约定中国有在图们江出海航行的权利。

○ **1938 年 7 月**
"张鼓峰事件"爆发，日军封锁了图们江口，图们江被迫停运。

乌苏里江口—图们江口区域图

中俄边界划定中
最屈辱的一段

对于中国东北疆域领土的丢失，被提及更多的是《瑷珲条约》和《中俄北京条约》割让的 100 多万平方公里的领土，条约让每一个国人感到屈辱，其实更感屈辱的是乌苏里江口向南至图们江口一段的中俄划界，这段边界并没有经过两国实地会勘，俄方只是依据单方"勘查"和预先绘好的地图，要求清政府代表签字。在勘界过程中，清政府代表不愿跋山涉水，常常不亲临勘界现场，使俄方在勘界立牌时可以为所欲为、单方决定，清政府也是一再妥协退让，最后领土退缩，海岸线尽失。

画地图的布多戈斯基在乌苏里江前进的每一步，都是致命的

尽管《瑷珲条约》《中俄天津条约》丧权辱国，但是这两个条约并没有封死吉林，还是给吉林留下了一点儿希望，这两个条约说的是黑龙江以北、乌苏里江以东从中国划给俄国所有。但是我们知道乌苏里江的源头与图们江之间还有很远的距离。这毕竟还给中国东北或者说吉林留了一块面向大海的土地。

但穆拉维约夫深知这一点。穆拉维约夫一直梦想着占有从黑龙江口一直到图们江口的海岸，那里有着优良的港湾，因此穆拉维约夫在筹划着一个方案，以弥补《瑷珲条约》中他的遗憾，把中俄之间的边界接着乌苏里江继续向南划，一直划到图们江口，占领整个沿海地区（不仅仅是《瑷珲条约》中的"共管"乌苏里江以东）。对于这一令人难以接受的方案，就连他本人也没有信心能够实现。

但他是一个敢于尝试的人，万一成功了呢？1859年初穆拉维约夫派地图专家布多戈斯基中校率领"勘察队"从伊尔库茨克出发，前往乌苏里江"勘界"，他们沿乌苏里江一直测绘到上游，然后取旱路一路向海边测绘而去，这期间吉林将军发现都未能制止。清朝边防官员骁骑校博兴曾经前往查询，竟然"不容察看"。其实布多戈斯基所率的"勘察队"的行为是入侵。按理，这其中每一步，清朝的地方官员都应该采取行动制止。布多戈斯基率领的"勘察队"的使命就是画一幅地图，这个地图的内容就是按照穆拉维约夫的意图在俄国和中国之间画一条边界。这个边界是一个令人无法忍受的边界。它沿乌苏里江至兴凯湖，再从兴凯湖到白稜河，从该河河口沿着山脊到瑚布河口，再从此沿珲春河和海之间的诸山到图们江口。布多戈斯基此行就画了这样一幅图。他揣着这幅图，6月到达了图们江口的海湾——波谢特湾，穆拉维约夫早已乘坐着战舰在此等着他。他们一同乘船前往中国渤海湾旁的天津港，俄国的公使——伊格纳提耶夫正等着这幅图，他将利用一切手段让清朝政府同意此图划定的边界。

1860年11月14日，奕䜣赴俄罗斯南馆与伊格纳提耶夫签订了《中俄北京条约》（又称《中俄续增条约》）。当奕䜣在条约上签字那一刻：吉林的海岸线就从此消失了，吉林就这样从一个中国最大的沿海省变成了一个内陆省。假如钦差大臣坚持《瑷珲条约》中的以"乌苏里江"为界；再退一步，以绥芬河为界；再退一步，以海岸线中的某一点为界，只要给吉林留下一个出海口，那么钦差大臣恭亲王奕䜣都算是恶中有善，但是这位钦差大臣竟然没有提出其中任何一种条件。吉林海岸线的丧失，使中国丧失了日本海。当然这也不是其一人之过，他背后的皇帝——咸丰，是问题的关键，咸丰在条约签订后，第二年就在避暑山庄死去了，终年31岁。这个皇帝理解海洋的意义吗？他知道河口的意义吗？种种事例表明，他并不知晓。

这一条约的签订，确实与武力无关，武力只是威胁。穆拉维约夫在与清朝政府打交道时总结他的模式是：先实际占领，后求法律承认。战争的失败，尚有复盘的可能，而条约的签订，是精神的溃败，是难以恢复的。

假如吉林当时保存了一公里长的海岸线，吉林的今天都会是另一番景象

今日的吉林，苦于无海。吉林曾有人在人大会议上提出议案，要向辽宁借海，或者希望国家调整行政区划，把临海的辽宁省丹东市划给吉林。但由于各种原因，此议案并未得到响应。

今日吉林的珲春离大海近在咫尺，却无出海口，只好与朝鲜建立开发区，并在朝鲜借港出海，但朝鲜方面一旦出现变化，借港出海的计划就无法实现了。

如今吉林的珲春已经成为东亚一个重要的海产品集散地，来自日本海、鄂霍次克海、白令海、太平洋的海产品涌向珲春，但因为珲春并不靠海，这些海产品都是由沿海国转来。吉林缺海岸线、缺港口的尴尬日益显现出来。如

曾经吉林有乌苏，如今遥望界江流

站在曾经属于吉林，现在为黑龙江省抚远市的土地上，乌苏里江就在眼前，对岸的俄罗斯村庄在落日的余晖中分外安静，但这一江水所承载的历史和悲伤却让人的内心无法平静。乌苏里江是黑龙江的重要支流，一直为清政府所有，曾经完全在吉林将军管辖范围内，在1858年至1860年短短两年多的时间内，《瑷珲条约》让乌苏里江变为中俄"共管"，《中俄北京条约》又进一步将乌苏里江变为界江。如今远望江水，虽景色醉人，但更多的是遗憾和慨叹。

摄影 / 单之蔷

果吉林能够拥有一段海岸，将极大地促进这一地区的繁荣，这对围绕着日本海的5个国家都将是一件好事。

大海是神奇的。陆地与海洋相接形成的那条线——海岸线更是一条神奇的线，占有其中的任何一段，哪怕是短短的一段，都会拥有一个无法想象的广阔世界。由此进入海洋，就可以在占地球表面70%的辽阔海洋中自由航行，就可以与沿海的世界上大约150多个国家进行交流和贸易。这就是海岸线的价值。假如当时的吉林将军们、钦差大臣们能为吉林争取哪怕1公里的海岸线，今日的吉林都会是另一番景象。

然而对于这些，当年那些吉林将军们都不懂。他们身为一个沿海大省的将军，身为有着几条外流河的省的最高长官，竟然没有萌生沿着这些河流，去大海看看的愿望……

但是俄国的穆拉维约夫做到了，他数次沿着黑龙江顺江而下，直奔大海，他沿着海岸巡查，看到了一系列优良的港湾……

仅凭这些，我以为吉林将军虽多，但是92个吉林将军确实不抵1个穆拉维约夫。还应该把那75个黑龙江将军算上，其中的巴海、萨布素除外，他们曾经参加了驱逐沙俄的雅克萨之战。

（原载于《中国国家地理》2017年第4期）

丢失吉林海疆线，
对中国的海洋意识是一次打击

撰文 / 郑骁锋

风水宝地，天生就该建一座大城。民谚称："吉林城，琵琶湾，铜帮铁底松花江。"《吉林地理经要》云："吉林城山环水复，江流转曲，拥抱回护，气势结聚，诚天然之都会。"以反"S"形环绕市区的松花江，正好画出了一幅太极图。更有人津津乐道吉林的北山。北山原名九龙山，王气沛然，后被康熙皇帝切断龙脉，盖庙宇亭阁镇压……

中俄160多年的和平，是从吉林城开始的

吉林市临江门外的头道码头原址，建了仿古码头，一组青铜雕像刻画了康熙1682年东巡吉林的场景。江边还有一块"康熙登船石"，镌刻着御诗《松花江放船歌》："松花江，江水清，夜来雨过春涛生，浪花叠锦绣縠明……连樯接舰屯江城。貔貅健甲皆锐精，旌旄映水翻朱缨，我来问俗非观兵……"

康熙最爱出巡，在位期间出巡130多次，曾经六下江南、三出关东。此次为他第二次东巡。长达8年的三藩之乱终于平息，让他松了口气，决定出关告慰祖宗，同时考察北疆形势。1682年农历三月二十五日，他到达吉林城的第一件事就是望祭长白山。二十七日，他登舟沿松花江而下，冒雨检阅了

水师战船。

康熙风雅地表示"来问俗非观兵"，但明眼人能看出，皇帝使的是"障眼法"。康熙身边备受宠幸的学者高士奇，在《扈从东巡日录》一书里，已透露出当时剑拔弩张的战争气氛：吉林将军在吉林城"修造战舰四十余艘，双帆楼橹，与京口战船相类，又有江船数十，亦具帆樯，日习水战，以备老羌（沙俄）"。果然，康熙回京之后，发生了两件大事：

1683年，清廷筑城于黑龙江（瑷珲），增设黑龙江将军，由宁古塔副都统萨布素升任。清朝在东北的行政区划至此定形，由盛京将军、吉林将军、黑龙江将军分片管辖。可以说，康熙是到吉林城巡视之后，才最终完成了东北的完整行政区划。三将军体制延续到清末，1907年才改为辽宁、吉林、黑龙江三行省制。

1685年，清军从吉林城出动大批战船，水陆并进，分三路对雅克萨发起进攻，俄军投降。1689年双方签订《尼布楚条约》划定边界，中俄之间维持了160多年的和平（到1858年《瑷珲条约》为止）。因此，要说中俄长达160多年的和平，是从吉林城开始的，也并不为过。

东北三将军中，位于中东部的吉林将军版图最大，拥有当时全国各省区最漫长的海岸线。为了防止沙俄再度入侵，清廷在北部水陆要冲建立了多座城堡，驻军永戍，最著名的

◀

吉林城还是清皇室在东北地区的重要祭祀之地

康熙二十一年（1682年）三月，康熙东巡，驻跸吉林城，于松花江岸东南遥祭长白山。左页图是康熙在吉林城祭祀长白山的复原图。在清代，长白山下的吉林城，并非寻常的区域政治中心，而是清皇室在东北地区的重要祭祀之地。长白山本是普通的山脉，发祥于白山黑水间的女真人，在建立政权后，把长白山神化，使其具有特殊的政治含义。清代皇帝不仅把长白山列同中原五岳，而且论证长白山为中原泰山"龙脉"的根源，为清朝入主中原的合理性构建神性根据，从而把长白山的神化提高到一个新的高度。

绘图／晓秋

房建昌

中国社会科学院
边疆史地中心
研究员

今天的吉林省没有出海口，但事实上，在清代，吉林将军的辖地海疆从图们江口北至库页岛，是清朝辖有海疆线最长的。在由法国耶稣会士测绘、有经纬度标注的康熙朝《皇舆全览图》中，就有吉林将军辖地的海疆分布地图。

1708年，康熙下令编绘《皇舆全览图》，聘请法国耶稣会士，经过10年的实地经纬度测绘，于1718年完成，以天文观测与星象三角测量方式进行，采用梯形投影法绘制，比例为四十万分之一。《皇舆全览图》可以说是中国第一幅绘有经纬网的全国地图，在中国地图发展史上具有划时代意义。

历史上，对于吉林将军辖地的这一段海疆，许多国家都先后投入了很大力量进行测绘。1849年，俄国海军少校涅维尔斯科依测量黑龙江及海岸。而后，西方和日本人争先恐后拥入吉林的海疆，取得了大量的测绘数据。

1884年，《中国航海指南》（China Sea Directory）第4卷在伦敦出版，由英国皇家海军参谋指挥官弗雷德里克·W·贾拉德编纂。有意思的是，贾拉德将吉林将军过去管辖的海疆也收入《中国航海指南》，而此时，根据《瑷珲条约》，这些海疆早已被划入沙俄的领土。这说明当时英国人认为此海域属于中国，俄国人为侵入者。1891年，当时的吉林将军长顺主持始修厚达122卷的巨著《吉林通志》，1896年完成，受到好评。但是，最后附的14幅图，虽然印制清晰，但地图上的吉林东侧海域是一片空白。看得出来，《吉林通志》的地图显然没有采用当时国外的地图成果，所以海岸线没有经过经纬度测定，只能是目测示意图。

在吉林将军长顺任内，吉林的海疆在沙俄的侵略下早已消失殆尽。这对于中国海洋意识的形成与发展无疑是一次重大打击。这从《吉林通志》对海疆几乎没有叙述和绘图，也可看出端倪。

是宁古塔、三姓（今黑龙江省依兰县）、伯都讷（今吉林省扶余市）、瑷珲（今黑龙江省黑河市）、墨尔根（今黑龙江省嫩江县）、齐齐哈尔和吉林七座，号称边外七镇，均有水路或驿道通达。

吉林将军亲自坐镇的吉林城，被称为"七镇之首"。清人曹廷杰在《东北边防辑要》谈论吉林的区位优势时评价道："重关巨扃，捍卫天府，实为东北第一雄镇。"

因为祭祀长白山，吉林城有了更深层次的意义

靠近长白山，无疑增加了吉林城在清朝皇室的分量。满族认为，长白山是自己的圣山，祖先发祥地，严密封禁。长白山下的吉林城，也因此并非寻常的区域政治中心。

清代对长白山的祭祀，就是从康熙时期开始的。康熙曾指示礼部："长白山系本朝发祥之地，祀典从崇。""祀典如五岳。"1682年，康熙第二次东巡，亲赴吉林城望祭长白山。后来的雍正皇帝下令在吉林西门外的小白山建望祭殿，供奉"长白山之神位"，要求将军和副都统每月初一、十五轮流祭祀。1754年，乾隆皇帝东巡吉林，在望祭殿亲祀长白山神。

有意思的是，康熙曾亲自撰写过一篇奇文《泰山山脉自长白山来》，结论是："朕细考形势，深究地络，遣人航海测量，知泰山实发龙于长白山也。"意思是说，汉族圣山泰山的龙脉源自满族圣山长白山。这当然不是地理学术问题，而是暗示清朝政权的合法性。如此看来，守护和祭祀长白山，又有松花江环绕和滋养，吉林城岂是普通城市可以比拟的？

分析清代东北的三大政治中心，陪都盛京

左图为 1940 年的吉林站。
下图为吉林西站，曾是吉海
铁路总站，是 1928 年建成
的欧式风格建筑，1931 年更
名为黄旗屯车站，1985 年改
称吉林西站。吉林西站被誉
为"中国最文艺的火车站"。
下图供图／翟立伟

高铁的开通，拉近了长春市与吉林市的距离

最繁华，但是位置偏南；齐齐哈尔体量太小，位置又偏西北；真正雄踞东北心脏位置、地位尊崇、航运驿道四通八达、商贸繁荣的中心城市，非吉林城莫属了。更何况，它还头顶祭祀满族圣山、宣示政权合法性的神圣光环。

"长吉一体"的机缘与设想

吉林市距长春市120公里，如今交通十分方便，从吉林市到长春的城际列车高峰时10分钟1趟，40分钟抵达，双城俨然走向了"一体化"。

我感兴趣的是，近代吉林市走向衰落，是伴随着长春的崛起同时发生的，为何两座城市不能共同繁荣？

其实，这还得从清人入关后的一项政策说起。为了保护"龙兴之地"，清廷在辽宁设置上千公里的柳条边（用遍植柳条的土堤筑成的边墙），严禁汉族流民进入吉林地区。封禁政策让东北变成了广袤的无人区，而无

人区激励了强盗。1850年，俄国侵略者来到黑龙江入海口庙街筑城，他们向沙俄政府报告说："我国军队在阿穆尔河口屯驻3年之久，事事顺利，未受任何威胁……"

到近代沙俄入侵东北时，清早已不复当年康乾时期的强盛。吉林将军辖区损失最大，海岸线尽失，吉林从此变成一个内陆省份。接着日本人赶来，日俄大战搅得东北狼烟四起。直到清末，朝廷才明白过来，东北的问题在于人口太少，赶紧移民实边，引发"闯关东"的大移民浪潮，但为时已晚。1907年吉林改为行省，这时候，长春后来居上，成为比吉林市更具活力的城市。

长春过去是蒙古族哲里木盟郭尔罗斯前旗的地盘，并非吉林将军辖区。1897年沙俄开始兴建中东铁路，以北部的哈尔滨为中心，西至满洲里，东至绥芬河，南至大连，形成一个"T"字形铁路网络。中东铁路以其强大的运力，重塑了东北的交通格局，让两座默默无闻的小城摇身一变成为东北的中心城市：作为铁路枢纽，哈尔滨取代了原省城齐齐哈尔；大连取代营口，成为东北最大的出海口。交通格局的变化，重塑了东北地市格局，长

春等沿线城市迅速发展，而不处于中东铁路干线上的吉林市，却逐渐被边缘化。

新中国成立后的1954年，吉林省省会正式从吉林市迁往长春市，这让我想起了1676年吉林将军从宁古塔迁往吉林城的情景。200多年的时间，吉林省历经了一个沿海省到内陆省的跌宕，体验了从舞台中心到独自向隅的落差。

"吉林省是交通过道、物流腹地，最大的问题是没有自己的出海口。"吉林省交通厅运输处的调研员葛双平说，"现在吉林人的想法，一是在珲春借境出海，租用俄罗斯或朝鲜的港口；二是与辽宁换丹东港，辽宁反正港口多。"

我不禁感到一丝悲凉。珲春以北的整个日本海沿岸，原来都是吉林将军的辖地，如今落到要借用海港的地步，真是令人唏嘘。

听说从珲春出海的东北第二亚欧大陆桥的设想是这样的：以珲春为起点，沿图们—吉林—长春—白城—乌兰浩特，从阿尔山口岸出境，到蒙古国的乔巴山，连接西伯利亚大陆桥。这条铁路线与黑龙江省现有的亚欧大陆桥平行，故称东北第二亚欧大陆桥。

葛双平说："这条铁路将给蒙古国带来一个最近的出海口，蒙古的铁矿石质量非常高，日本很需要。如果能够开通，位于铁路干道交叉口的长春，就变成了东北亚的中心城市。"

我想，如果吉林市和长春市最后以同城的方式返回东北舞台的中心，也是一个有意义的结局。只是这个设想，取决于东北亚诸国复杂的地缘政治关系，要实现起来，就并非易事了……

（原载于《中国国家地理》2017年第3期）

吉林城兼具水陆交通便利，在清代时具有明显的区位优势

日本侵占东北时建立的丰满水电站大坝，把吉林市境内的松花江拦腰截断，形成了松花湖。大坝发电后流下来的水温较高，导致流经吉林市区的这一段江水在冬天不封冻。在清代，吉林城兼具水陆交通便利，又是造船中心，因此很快取代了宁古塔，成为吉林将军驻地。从水路看，吉林城地处松花江上，其西连接辽河，北上可达松花江上游和嫩江口，极尽水路之要；陆路方面，吉林城是清代东北的驿路中心，粮草运输可水陆兼行；同时，吉林城距离产粮区较近，粮食供应也很方便。

摄影／孙鑫

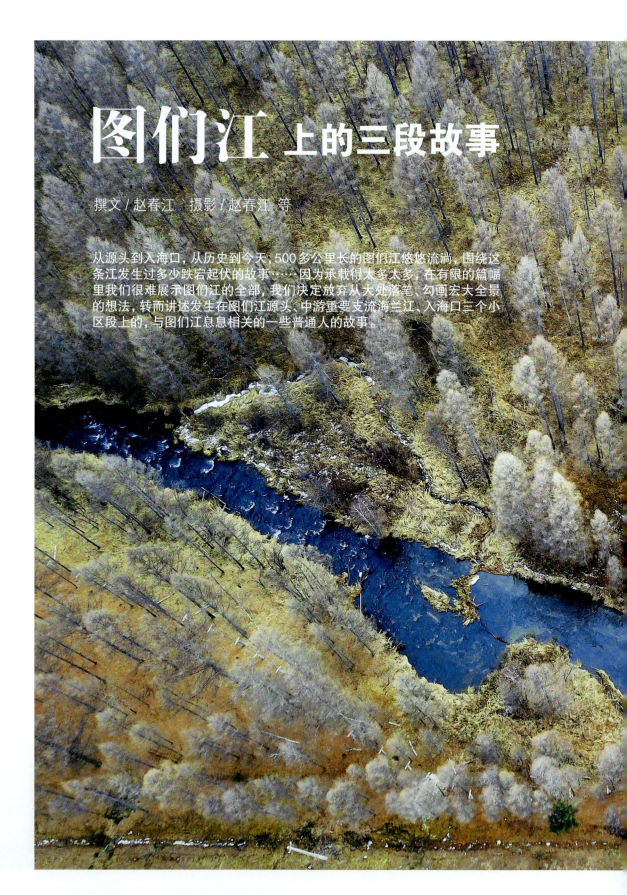

图们江 上的三段故事

撰文 / 赵春江　摄影 / 赵春江 等

从源头到入海口，从历史到今天；500多公里长的图们江悠悠流淌，围绕这条江发生过多少跌宕起伏的故事……因为承载得太多太多，在有限的篇幅里我们很难展示图们江的全部，我们决定放弃从大处落笔、勾画宏大全景的想法，转而讲述发生在图们江源头、中游重要支流海兰江、入海口三个小区段上的，与图们江息息相关的一些普通人的故事。

当地人称这里为
"图们江第一拐"

当红土水与弱流河汇合，
河名被正式称为图们江不
久后，图们江拐了一个大
弯，当地人把这里叫作
"图们江第一拐"。流淌
在长白山林区内的图们
江上游，水量并不太大，
河道也不甚宽，但想要接
近它却非常困难，因为从
源头起图们江就是中朝两
国的界河，在我方一侧
的江岸上竖立着连绵不断
的铁丝网，普通人最多只
能走到国防公路边上。
摄影／宝丁

1887年清与朝鲜的图们江勘界图

在1712年穆克登寻边勘界后，清与朝鲜的边界以穆克登所立"江源碑"为据，双方相安无事。多年后屡有朝鲜边民非法越界垦居，朝鲜借机于1885年再次提出勘界要求。1887年，清与朝鲜进行了第二次勘界，此次勘界明确了双方以图们江为界的绝大部分问题，但关于图们江正源的问题，即石乙水、红土山水（今红土水）汇流以上至穆克登碑的江源地带，以何水为图们江正源，并以何水划界，双方产生了分歧：清方认为应以石乙水为界，朝方认为应以红土山水为界。下图是1907年日本驻清公使在清外务部所摹的。供图／李花子

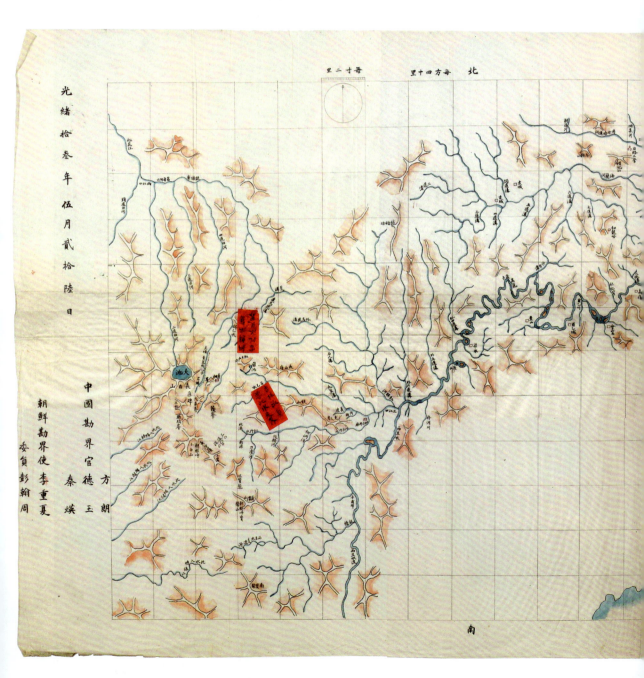

李花子

一名历史学者的
担当与责任

题,从这时起,她开始关注中朝边界史。2004年2月,李花子到中国社会科学院历史研究所工作后,正式申请课题做中朝边界史研究,主要是明清时期中朝边界的形成及演变历史。本着对历史负责的态度,她用近5年时间在长白山区翻山穿林,实地踏查中朝边界,逐步还原了历史事实。摄影/崔成林

李花子(中间)是吉林省和龙市人,2003年在韩国首尔大学获得博士学位,博士论文是关于清代中朝边境地区的边民越境问

图们江源头,90后军人与60后学者的家国情怀

我跟着李想他们的队伍一起巡逻。李想时任双目峰边防哨所哨长,哨所里的官兵是一群90后的年轻人,他们的辖区是长白山有名的百里无人区——图们江源头区。

青草没踝,荆棘丛生,才一会儿,我就已经气喘吁吁了,而战士们在李想的带领下,飞沟越堑如履平地。当地势稍微平坦,树木变得稀疏时,脚下出现一条小道,李想告诉我这是根据1964年签订的《中朝边界议定书》开辟出来的"林间通视道"——从天池东边的第40号界碑开始到母树林河、红

土水汇合处的第62号界碑为止,在森林中开出一条笔直的通道,上面自西向东排列着第40、41、42……至第62号界碑。这条通视道基本与中朝两国国界重合,其上允许中朝双方的边防人员通过,借以巡视界碑。从62号界碑开始,中朝以红土水水流中心线为界。

我的眼前是两条宽可一步跨过的小河,两水汇合处有编号为62(1)、62(2)、62(3)的3块同号三立界碑。我知道这种"三立碑"是专门竖立在界河与内河交叉处或分流处的,用3块碑即可确定两河中心线的交汇点。李想告诉我从西南而来的这条河是红土水,自西北而来的是母树林河,二水汇合后仍称红土水。红土水继续向

东流淌，在赤峰（长白山山峰，安图县东南与朝鲜交界处）和弱流水汇合，汇流处以下河名就正式为图们江了。

我发现虽然都是小河，但在水量上母树林河还是明显大于红土水。李想带着我沿母树林河继续上溯，穿过一片森林沼泽，循着若隐若现的水流，来到一片水洼，只见一汪泉水在水洼中央汩汩冒出。李想突然变得斯文起来，口里念道："甘土峰下一息许，始自土穴中涌出。"我有些诧异，不知道李想这是要干什么，只见他从挎包里掏出一本书来——《明清时期中朝边界史研究》，说："这是李花子老师签名送给我的。这泉水就是李花子老师带我们找到的图们江北源红土水的发源地！刚才那两句诗是史料中对图们江源头的描述。"

"作为一名驻守百里无人区的军人，可以说没有谁比我们更熟悉这段边界了，但我们仅熟悉现在的边界走向，李老师给我们寄来了许多资料，让我们了解了这段边界的历史。于是这些看似寻常的土包、小河，变得不再寻常，让我们的守关巡边也变得更厚重充实。"李想摩挲了一下书的封皮，因为总放在挎包里，一有空就经常翻看，书页已经微微有些翻卷。

在李想的介绍下，我结识了李花子老师。她是中国社会科学院历史研究所研究员，为了搞清楚300年来中朝边界的时代更迭、历史走向，从2004年到中国社会科学院历史研究所工作以后，她就申请课题做中朝边界史研究，不仅奔波于中、朝、韩、日各国间，研究各方保存下来的史料，还多次深入长白山无人区，在边防战士的协助下亲身踏查。

说到这里，请允许我把话题岔开一下。因为图们江是中朝两国的界河，以河为界，在中游水量大、河流走向明显之处，界线很容易确定，但在汩汩溪流纷纷汇入的源头区和水流散漫的入海口该怎么区分干流、支流，进而如何划界，绝对是一件困难的事。再加上其他因素的混杂，图们江划界不知怎么就成了一个"敏感"话题，于是一些人变得缄口不言。

巡边保境的边防战士

图们江是我国的一条重要界河，在河流源头、下游等一些人烟稀少的河段，边防战士担负巡边保境的职责（上图）。这些战士们不仅熟悉边界上的一草一木，对边界形成的历史及演变也了解得非常深刻，给来这里访古踏查的学者提供了很多帮助。

但李花子不是如此，和她的交往，让我感到了一个历史学者的担当和责任，还有就是凭历史、地理证据说话，敢于挑战、求证所谓敏感话题的勇气。

"有一次我们在雪地上发现了熊的脚印，朴正吉（长白山科学研究院研究员）说，从熊前后两个脚印的距离判断，这熊应该有200多斤。可见我们长白山生态保护得很好嘛。"李花子谈起她的考察时并不提其中的辛苦和危险，反而有种自得其乐的豁达。但李想说："李老师的坚韧和顽强，让我们这些当兵的都非常敬佩。即使已经大量透支了体力，腿多次抽筋了，她却始终不言放弃，坚持在没有道路的原始森林里仔细寻找每一处人为遗迹，她说这很可能都是重要的历史证据。"

李花子在研读史料和实地考证后认为，清康熙年间中朝第一次在长白山勘界时，通过穆克登的实地考察，立江源碑于天池东南麓，从而明确划分了清和朝鲜在长白山天池以南的界线，这是他的贡献。但他错认了图们江源头，以黑石沟为图们江伏流处，又为后来的勘界增加了混乱。

李花子还向我展示了一张她从日本复制回来的古地图的电子版本——收藏于日本外务省外交史料馆中的清与朝鲜1887年的勘界图，这是由日本人在清朝外务部摹画的。图中清楚地显示，光绪年间清朝与朝鲜在图们江源头再次勘界时，清方主张应以红土水以南、水量更大的石乙水为图们江正源并以此划界；但朝方以红土水源出长白山天池附近，河流长度长、文化底蕴更深为由，认为应以红土水为界，此次勘界最终无果而终。此后，关于图们江到底以何为正源，国界究竟该怎么划，一直争议不断。

1962年10月12日，中朝两国签订了《中朝边界条约》；1964年3月20日，中朝两国签订了《中朝边界议定书》。根据条约规定，双方于1964年勘定了两国边界的具体走向。图们江源地区的国界终于划定，红土水为图们江正源的地位亦最终确定。

金凤浩

他的歌让海兰江红遍全国

金凤浩（1937—2024），出生于朝鲜咸镜南道咸兴市，1941年随父母迁入中国吉林省和龙县（今和龙市）。1965年写出成名作《延边人民热爱毛主席》时，他年仅28岁，身份为和龙县文工团的一名普通团员，一年后金凤浩又创作出《红太阳照边疆》。这两首歌唱红了一个时代。
摄影／宝丁

支流海兰江，音乐家为它谱写出了唱红一个时代的音符

"我们心中的红太阳，照得边疆一片红，长白千里歌声嘹亮，海兰江畔红旗飞扬……"

"红太阳照边疆，青山绿水披霞光，长白山下果树成行，海兰江畔稻花香……"

20世纪六七十年代，随着当年和龙县文工团团员黄仁顺演唱、韩允浩作词、金凤浩作曲的《延边人民热爱毛主席》《红太阳照边疆》

这两首歌曲在大江南北传唱，海兰江从名不见经传变成了家喻户晓，一时间它在普通民众间的知名度甚至远超图们江。但实际上，海兰江只是图们江的一条三级支流，即海兰河（江）是布尔哈通河的支流，布尔哈通河是嘎呀河的支流，嘎呀河是图们江的支流。

海兰江发源于和龙市甑峰岭山脉老岭东南，河源海拔1385米，全长145公里，

贯穿了和龙市与龙井市。流域上游和下游为山区，森林茂盛、植被良好，中游河谷地区为农田。正如歌中所唱，海兰江的浇灌让这片区域成

了"果树成行""稻花飘香"的富庶之地。

当时，这两首有关海兰江的歌，也改变了曲作者金凤浩的命运。1966年、1967年创作出这

在图们市东北
嘎呀河汇入图们江

下图画面左边为图们江，右边为嘎呀河。嘎呀河是图们江左岸的一级支流，发源于汪清县老松岭山脉三长山峰东南，从北向南横贯汪清县中部，流至图们市与汇流了海兰河的布尔哈通河相汇，最终于图们市东北汇入图们江。
摄影 / 王宏

两首歌曲时，金凤浩只是海兰江畔一位年龄不到30岁的县文工团团员，一举成名后，他36岁成为吉林省文化局副局长。在20世纪80年代初，他还谱写出了《美丽的心灵》《金梭和银梭》等脍炙人口的歌曲。

2016年12月2日，我来到了北京广安门外大街305号院，敲开一户房门，一位精神矍铄、满面红光、神采飞扬的老者出现在我面前，看容颜，他比实际年龄要小很多，可他确实已经是80岁的老人，他就是金凤浩。1984年他调入北京，任中国人民武装警察部队政治部文工团艺术指导。

金凤浩对我回忆起当年的情景："从1958年起，我就不间断地到上化大队，一边劳动，一边辅导文艺队。上化是图们江边的一个村庄，地里石头多，水过地皮干，要搬开石头修梯田，引水上山，灌溉农田。'拦河筑坝引水上山岗'都是当时劳动的真实写照。没那么多年深入一线的辛苦劳动，我也写不出那样的曲子。就像习近平总书记刚刚在中国文联十大上的讲话，文艺要'扎根人民'才行。"看得出虽然退休多年，但老人始终非常关心时事。

歌声飞扬人已远，稻花年年如是香。

今日海兰江畔和龙市东城镇的平岗水田，是延边地区最大的水稻基地。2015年习近平总书记来到位于平岗水田核心区的光东村视察，走田埂，进农家，坐炕头，与村民一起拉家常。他提到，几十年前自己在陕西省延川县梁家河当大队党支部书记时，村里广播每天都放《红太阳照边疆》，非常熟悉，而今终于来到了歌中所唱"海兰江畔稻花香"的地方。

图们江入海口，望海兴叹的渔民

图们江上还有渔民！

当我把这个"发现"说给身边的朋友时，他们都表现得很惊诧，包括珲春市本地的朋友，实际上这些渔民就在珲春市敬信镇防川村中。

图们江从发源地到防川，奔流510公里，一直都是中朝两国的界江，就在它距大海只有15公里之遥的时候，它的身份变了，变成了俄朝两国的界江。自1977年开始我无数次来到图们江中朝边境和中俄边境，特别是中俄边境图们江尾闾最接近入海口的地方——水流峰北边边境巡逻道距日本海约3.5公里。到实地去看，你会内心流血，也会百思不解，

珲春市

珲春河国

俄罗斯

敬信镇

六道泡子村

厄克斯别的青海湾

水流峰

462

波西耶特湾

中

图

们

江

防川村

朝　鲜

造山湾

图们江口

比例尺

0　4.8公里

日　本　海

在离入海口不远处图们江从中朝界河变成了俄朝界河

《瑷珲条约》与《中俄北京条约》签订之后，清王朝割让了日本海沿岸大片的土地给俄国，从此，图们江在防川之后的河段，由中朝两国的界河变成了俄朝两国的界河。从遥感图中我们可以清楚地看到，大海之于吉林省真的是近在咫尺——防川村距离图们江入海口仅15公里，敬信镇六道泡子村离海不过二三公里，但吉林省终究还是内陆省。

这边界划得太诡异了：翻上一座山包，眼看就到海边了，却硬生生地断了。

1860年《中俄北京条约》签订后，清政府被迫同意割让乌苏里江以东（包括库页岛）约40万平方公里的领土，并规定："自白稜河口顺山岭至瑚布图河口，再由瑚布图河口顺珲春河及海中间之岭至图们江口，其东皆属俄罗斯国；其西皆属中国。"两国在《中俄北京条约》的地图上用红线标明了新的东部边界走向，

约定在边界线上以俄文字母 A（阿）、Б（巴）、B（瓦）……T（土）、У（乌）等共计20个字母立牌，以标明国界。但由于种种原因，许多界牌并未被如约竖立，而一些界牌竖立后又被俄方偷偷擅自移动了。

1886年中俄再次勘界时，中方代表吴大澂发现"土"字牌被俄方擅自移动，于是据理力争，将"土"字牌向江口方向挪回了20里，并争回了图们江东岸黑顶子地区的归属。现在人们提起吴大澂多

赞扬他为国争"土",但我却总有一种冲动,想去问问吴大澂:你争都争了,为什么不能寸土必争,再多争回最后那一点点的距离?你"土"字牌都挪了,为什么不能再坚持一下,把图们江入海处左岸本该设立的"乌"字牌也立起来?

罢了,弱国无外交。

虽然 1861 年和 1886 年中俄两次勘界的资料和图件都明确指出"国界线由(土字)界牌沿江通向海边",也就是说中国拥有从"土"字牌至入海口的图们江一半江面的主权;虽然吴大澂立"乌"字牌未果,并鉴于图们江口已实际被俄国占据的情形,要求俄方允许中国船只自由出入江口,最终中国船只从图们江入海的通行权被明确写进了《珲春东界约》

图们江渔民入海捕鱼的出路,被俄朝铁路大桥挡住了

从图们江进入日本海捕鱼,是历史上图们江口地区中国渔民传统的生产方式。虽然从法理上讲,中国一直都拥有图们江的出海权,但在近现代,除了20 世纪 90 年代我国在图们江口进行过两次考察式的航行外,再没有中国船只从图们江进入过日本海,连渔民的渔船都被挡在俄朝铁路大桥的上游。上图为趁着夜色在图们江里捕鱼的渔民,右图为在俄朝铁路大桥前返航的渔民。摄影/许阳

的附件里；然而，实际情况是，今天我国的船只却不能从图们江出海了。

我跟着防川村的一艘渔船下江，渔民是一位60多岁的老者，他在对着村里的一侧江边下水，放丝挂子（用于挂鱼的网），丝挂子前端拴着浮漂，后端系在船上，渔船向江里划去，丝挂子顺着水流往下漂。根据中朝界江的相关规定，两岸居民在江中生产生活，只要不踏上对岸，就不算越境。许多人都不知道，图们江是中国洄游鱼类最多的河流之一，远的不说，据1992年在防川水上工作站当兵的老兵沈颜波说，有一年秋天，从日本海上来的大马哈鱼，挤满了200多米宽的江面，鱼的叫声，都让人感到恐惧。如今，图们江水小了许多，渔业资源也大为枯竭，渔民们只能轮流下江，每一小时放一条渔船。

大约向下游走了1500米，来到一座大桥前。这座桥是俄朝铁路大桥，据说是1952年建成通车的，按说在三国交界处架桥，总得三国都同意才行，但我到现在也没找到中国官方关于这座桥的任何一点记录。更令人诧异的是这座桥的高度设计得极不合理，江水上涨时水面

和桥面间的距离连小船都很难穿过去。有人说这是因为大桥是于战争期间匆匆建成的，有人说桥面之低是刻意的，这样中国的大型船只就无法通航了。孰是孰非无法考证，只知道1990年时曾有我国的考察船（部队的巡逻小艇）从桥下穿过，考察从图们江进入日本海的通航情况，最终认为不具备大型轮船通过的可能。大型船过不去，小渔船总可以吧？但不知怎的，到了今天，俄朝铁路大桥竟成了中国人不能逾越的"雷池"！我跟着的渔船在离大桥500米处就停航了。

返航，回到起点，起鱼，结果一条鱼也没有挂上来。老渔民黑着脸，坐在船上一个劲儿吸烟，也不下船，望着俄朝铁路大桥和日本海方向发呆，我甚至感觉到他的眼里可能含着泪水了，只是没有掉下来。我忍不住想，如果可以再往下走一点，如果可以直接开进日本海，那我们这趟是否就不会空手而归了呢？我不禁想起了当年总理李鹏在视察防川后写下的那首诗："图们江水向东流，土字牌前路断头。登上哨所见沧海，旧事不堪再回首。"

（原载于《中国国家地理》2017年第4期）

充满遗憾的图们江三国交界处

俄朝铁路大桥于1952年正式通车，俄方一侧的5个桥墩由俄罗斯修建，朝方一侧3个桥墩由朝鲜修建。不知究竟出于何种原因，这座铁路桥的高度修建得远比正常情况要低，大型船舶完全无法从桥下通过。
摄影/许阳

舆图里的边疆

撰文 / 张笑天

眼前这广袤深邃的水域就是贝加尔湖吗？

是的，这就是苏武牧羊时饮雪吞毡沐浴塞外寒风18年的北海。中国古人称它为海一点都不过分，这个长636公里，平均宽度为48公里的大湖，人的肉眼岂能望到尽头？当然是古人心目中的海。

我20世纪70年代末创作长篇历史小说《永宁碑》的时候，曾有过强烈的冲动，渡过黑龙江到贝加尔湖去看看，到黑龙江入海口的特林去看看，在当时只是一种梦想，这梦想今天不是实现了吗？

泛舟在清澈的黑幽幽不见底的湖上，感慨良深。

贝加尔湖的面积竟有3.15万平方公里，淡水的储量居然占全球地表淡水总量的20%，听起来让人咂舌，令人艳羡，令人心理失衡。谁都知道，在我们居住的这个星球上，淡水荒正在威胁着人类的生存。面对这浩荡的一湖好水，你会有什么样的感想？拥有它，无疑拥有了无法估量的财富，甚至是拥有了不能用财富衡量的生命。

我在写《永宁碑》的时候，在贝加尔湖上神驰走笔无数个日日夜夜，也不可避免地与占领并攫取了贝加尔湖从而当上了东西伯利亚总督的穆拉维约夫打了好几年交道，可谓"神交"已久，当然只是灵魂的碰撞，灵魂的搏击。

有一个俄国政客说过，穆拉维约夫是个改写俄国近代史的人。这当然指的是他改绘了俄国的地图，是用铁与血改写的。

穆拉维约夫接受了沙皇尼古拉一世的任命后，在1849年5月首先潜往中国的库页岛，完成了两个月的"考察"后，他惊喜万分地向沙皇报告：库页岛是个岛屿，黑龙江江口深而阔，可行驶海船。这并不是天大的笑话，到了19世纪中叶，才知道库页岛是个"岛屿"的俄国人，后来用武力把他们发现的"新大陆"并入了自己的版图，不管中国人在那里经营了多久。正是这个穆拉维约夫赢得了尼古拉一世的赞赏，鼓励他："当俄国的国旗业已升起，即不会让它再降下来。"

于是在60万平方公里中国土地上，在血泊中竖起了接二连三的沙俄旗帜。

地图是人绘制的，地理是可以改变的，靠的是强权与炮舰。

如果你今天在地图上查找特林、恒滚河，恐怕徒劳，特林将与库页岛、海参崴一些中国旧名一样，一天天从洋名字后的括号里消失而湮没无闻。然而在康熙皇帝敕制的《皇舆全览图》中，库页岛赫然在版图中，而当时的法国探险家和俄国人还认为库页岛是半岛，以沙洲与大陆相连，并且说黑龙江口淤沙堆积，不能航行呢。

在中俄《尼布楚条约》之后，清政府每年夏天从三姓副都统衙门派官员到库页岛设立行署，用围栏围起临时官府，称为赏乌绫木城，乌绫是满语"财帛"之意。当时政府每年可收貂皮2600张，同时为对当地人宣示宗主关系，官府要对朝贡人赏赐乌绫。

日本人间宫林藏亲手绘制的图谱，那十足是一幅中国北疆的清明上河图。

旧称东部满洲为东鞑靼，在黑龙江与恒滚河交汇处对岸的山崖上，先后曾有过两幢石碑，中外冒险家、地理学者都目睹过它的风采。

第一块石碑是明朝永乐年间皇帝派供奉内廷的官员亦失哈、康旺二人对这里民众宣谕抚慰后所建之碑，此碑102厘米高，49厘米宽，正面刻文30行，每行64字，是为"敕修奴儿干永宁寺碑记"，碑的侧面刻有女真文、蒙古文、藏文和汉文，正文记载的是明王朝在黑龙江口到贝加尔湖一带建立奴儿干都司和明代官员两次巡察此地的经过。

明宣德年间永宁寺碑倾圮，亦失哈再度巡察时发现，委当地官吏重修碑身并刻字，是为《重建永宁寺记》。

1808年（清嘉庆十三年）日本人间宫林藏进入黑龙江下游"探险"，亲眼见过永宁寺碑和永宁寺的砖塔，英国人拉文斯坦在他所著的《俄国人在黑龙江上》一书中，也对永宁寺碑有过直观的描述。

1885年（清光绪十一年），黑龙江以北、乌苏里江以东已落入沙俄手中20余年，清朝官员曹廷杰奉皇命到被占区进行调查，也到过庙街（今称尼古拉耶夫斯克），并上溯250余里，到了特林。那时永宁碑犹在，他在后来所著的《西伯利东偏纪要》中描述此碑"壁立江边，形若城阙，高十余丈"的石位上，碑文是他拓下来的。

你想一睹永宁寺碑文的风采吗？不妨去翻一下《满洲金石志》便一目了然，工整的蝇头小楷一字不落地记录了碑文的全部内容。

你想一睹永宁寺碑的真身，怕就不容易了，它在黑龙江左岸的悬崖上消失了，被搬到了符拉迪沃斯托克（海参崴）的博物馆内。

在哈巴罗夫斯克（伯力），有一尊神气十足的人物铜像，戎装昂首做出征状，这是沙俄东西伯利亚总督穆拉维约夫的"纪功碑"。

那么多俄罗斯的游客在塑像前拍照，新郎、新娘也要盛妆前去摄影、留念，如同在彼得堡的列宁铜像前办婚礼一样，大约是希图沾得"英雄"的灵光。不是吗？尽管多次入侵中国黑龙江地

沙俄侵华急先锋
穆拉维约夫

区最终割走大片领土的穆拉维约夫手上沾满了中国人的鲜血，但他在俄罗斯人心中却是英雄，被后人崇拜着。

我站在穆拉维约夫的铜像前，耻辱与愤懑并重，我唾了他一口，大声喊道："你是个刽子手，中国人的千古罪人，你有什么资格在这里傲首青天？"我也留了一张照片，不是纪念，而是一种证据，我无法形容那时我的心情和表情。

在旅俄途中，令我手不释卷的是一本地图。

地理是单纯的自然概念，可是世界上任何地理概念演化的过程都是与血与火的历史相伴的。

地理学家有地理学家的地理，政治家有政治家的地理，文学家有文学家的地理，我想这是充满人文精神的地理。地理因为这种赋予，而有了人性、人格。

亦失哈雕像

在永乐九年（1411年）至宣德八年（1433年）的20余年中，亦失哈屡受朝命，出使奴儿干地区，并于奴儿干都司所在地兴建和重建了永宁寺。明宣宗、明英宗时期，亦失哈曾被调至辽东任镇守太监，负责辽东防务工作，直至明代宗时被召回京师。

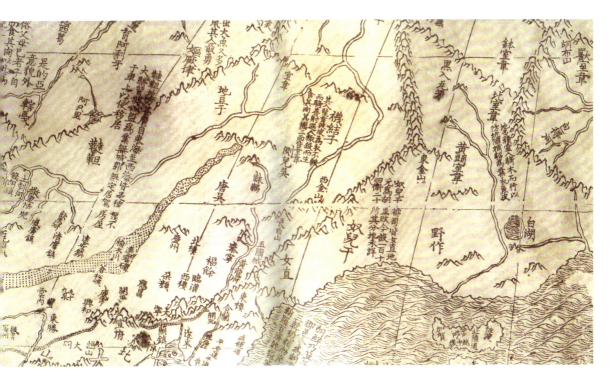

《坤舆万国全图》（局部）

《坤舆万国全图》由意大利传教士利玛窦与明朝科学家李之藻联合在明万历三十年（1602年）绘制，图中标注了"五国城""长白山""黄龙府"等地名。

黑龙江，一江遗憾向海流

黑龙江，中国最北也是最东的大江，它源出中国和蒙古，蜿蜒画出中俄的边境线。大河游走如龙，穿越两岸如涛如海的森林，穿越因它丰美的良田、因它润泽的湿地，穿越三国的乡村和城镇，也穿越千年难言的隐痛与沧桑。摄影／线云强

    当1581年沙俄斯特罗冈诺夫家族收买了顿河上被判了死刑遭通缉的强盗头子叶尔马克后，强盗成了将军，他率领顿河草原的哥萨克马队第一次试探着越过了乌拉尔山，完成了对西伯利亚汗国的征服，他当然被皇帝赦免了死罪，沙皇赏他一枚勋章、一副盔甲。

    当俄国人第一次领略了乌拉尔山以东的富饶并逐渐觊觎中国的北方领土时，中国人已经在那里居住了几千年。

    透过历史的烟云，我仿佛看到了当年北方站赤（元代时驿站的称谓）的繁忙。在茫茫的通往奴儿干东征元帅府的路上，群狗驾着雪橇，从兀者吉里迷万户府出发，雪橇上堆着贡物。海东青是最顶级的贡品之一，这是一种海边的巨鹰，张开双翅有丈余，被看作神鸟，是猎来专门供奉内廷的。我曾写过一篇散文，就叫《海东青》，写的就是此鸟。彼时官员不只索贡，还要给当地人散发粮食。

    1642年，清太宗皇太极在诏书中说到他承继皇考太祖之大业，"蒙天眷佑，自东北海滨，迄西北海滨，其间使犬、使鹿之邦，及产黑狐、黑貂之地，不事耕种、渔猎为生之俗，厄

鲁特部落，以至斡难河源，远迄诸国，在在臣服"。

他所说的东北海滨，即鄂霍次克海，西北海滨就是贝加尔湖，斡难河即鄂嫩河。然而你打开如今的舆图地志，你会有怎样的感叹？地犹旧地，海犹旧海，却早已人事皆非了。

如果勾勒一下1642年中国的版图，应是从鄂霍次克海到贝加尔湖，包括外兴安岭以南和库页岛在内的广大地区。

然而从1643年沙皇侵略者波雅科夫首次进攻黑龙江地区起，这里失去了宁静，历史和地理从此改写。

中国人并不都是懦夫，著名的萨布素将军、彭春将军不是打了个漂亮的雅克萨大捷吗？不但收复了雅克萨，而且逼迫俄国头领托尔布津投降，狼狈退回。这是1685年5月。

中俄后来订立了《尼布楚条约》，那时俄国人已经占领了贝加尔湖以东大片领土。

根据这一条约，黑龙江支流格尔必齐河、额尔古纳河及外兴安岭为中俄东段边界，乌第河地区为待议地区；两国严禁越界入侵和收纳逃人；两国人民持有护照者可以过界往来、通商贸易。《尼布楚条约》被普遍认为是

中英等国在礼部大堂换约

1864年，法国Le Monde illustre画报的铜版画，描绘了恭亲王奕䜣在礼部会见英法联军代表、清廷被迫签下《中俄北京条约》时的场景。

海兰泡惨案（油画）

海兰泡惨案又称"海兰泡事件""海兰泡大屠杀"，是1900年7月16日至21日沙皇俄国对居住于海兰泡的中国居民进行屠杀的事件。海兰泡惨案与1900年7月17日发生的江东六十四屯惨案并称为"庚子俄难"。

个平等的条约。

但是到了卖国将军奕山与穆拉维约夫在1858年签订中俄《瑷珲条约》时，大清国运便一落千丈了，那是第二次鸦片战争之时，在丢失香港的中英《南京条约》签订的16年后。列强纷纷来瓜分中国，俄国人趁火打劫。《瑷珲条约》第一条即规定："黑龙江、松花江左岸，由额尔古纳河至松花江海口，作为俄罗斯国所属之地。"

轻轻一笔，60万平方公里差不多相当于法德两国面积的土地拱手让人了。黑龙江本来是一条内河，从此成了界河。

当我立足于这片既熟悉又陌生的土地上时，我不能不惊叹穆拉维约夫的凶狠和深谋远虑。他们占领别人的土地后，把当地的中国人（汉人、鄂温克人、鄂伦春人、赫哲人）驱赶出故土、故国，永远与祖国断了血脉。

贝加尔湖真美。船到湖心，当地人告诉我，这个由于地壳陷落而形成的淡水湖，最深处有1600多米，它是亚欧大陆最大淡水湖。

你也许没有吃过贝加尔湖特有的鲜嫩凹目白鲑鱼，还有不时出没水中的贝加尔湖海豹。尽管它们美味诱人，摆上餐桌却只能让你食不甘味。

在阴霾的19世纪的屈辱日子里，黑龙江一带的百姓称俄国入侵者为"罗刹"，很巧，其既是俄罗斯的笨拙译音，又是"恶鬼"之名。

站在穆拉维约夫的铜像前，我油然记起

了十月革命后苏联政府的多次声明：永远放弃奴役、掠夺和瓜分被压迫人民领土的帝国主义政策，并和他们在尊敬、友好、平等的基础上建立相互关系。废除沙皇政府和中国所缔结的一切不平等条约，放弃沙俄在这些国家享有的特权。

苏俄政府在 1920 年 9 月 27 日发出第二次对华宣言，即《俄罗斯苏维埃联邦社会主义共和国对中华民国政府的宣言》，这宣言曾使孙中山先生大为感动。宣言重申废除沙皇政府历次同中国订立的一切不平等条约，放弃以前沙皇政府从中国夺取的一切领土、特权和在中国境内设立的租界，并将沙皇政府和俄国资产阶级从中国夺得的一切都无偿地永久地归还中国。

孙中山怎能不感慨万千？他追逐了一生，希求得到他们的"平等待我"，然而，他一次次地失望，他的希望落空了。

地理是一个空间、距离与幅员的概念。文人有时会超越地理、时间的断限，自由地驰骋，构建他们自己的天地，这是一种难以说清的感悟，文字只不过是这种感悟的传递罢了。

以上文字是我游历东西伯利亚时对我的小说《永宁碑》的一点儿印证文字，说给文学界朋友，他们称其为背景资料，姑存之。

（原载于《东北史地》2004 年第 1 期）

日俄对**库页岛**的争夺始末

从列强争夺库页岛看领土的重要性

撰文 / 高福顺　李明娟

　　库页岛，俄称萨哈林岛，日称桦太岛，位于鄂霍次克海与日本海之间，西通过鞑靼海峡与大陆相望，南隔宗谷海峡与日本的北海道相对，地理位置十分重要，是北太平洋地区的战略要地。库页岛的自然资源十分丰富，既是天然的渔场，又富森林、石油、煤炭等资源。从遥远的古代起，库页岛便与中原地区建立了密切联系，成为中国领土不可分割的一部分。1858 年和 1860 年，俄国通过《瑷珲条约》《中俄北京条约》等不平等条约迫使清朝政府割让库页岛。但从 19 世纪起，库页岛逐渐成为日俄争夺的对象。

　　早在 17 世纪上半叶，日本就对当时隶属明朝奴儿干都司管辖的库页岛进行勘察和骚扰活动。据记载：日本宽永十二年（1635年），松前藩家臣曾前往库页岛"巡岛"。继日本勘察库页岛之后，荷兰探险家也曾到库页岛进行实地勘察，但荷兰很快便对库页岛失去了兴趣，而日本的兴趣则未减。松前藩主又于 1650 年、1689 年、1700 年分别派遣家臣"巡视"库页岛，并在 1679 年在久春古丹等处建造了临时性的"番屋"，即渔民的居住所，同时还许可日本商人与库页岛上的阿依努人进行贸易。1715 年，松前藩主在给幕府的报告书中写道："得知虾夷地及库页岛、库尔木塞岛的虾夷人，有五六十名左右，各处皆头人。但其上无总头矣。"此

德川家康

日本幕府时期，在日本历史上是武士阶级掌握政权、实行军事封建统治的"幕府政治"时期。这一时期，天皇的权力被架空，国家主要由武士掌控。德川家康（1543—1616）是江户幕府初代征夷大将军，是日本历史上著名的政治家和军事家。

记载说明库页岛上的居民虽有酋长，但部落分散，没有统一。

在日本不断勘察库页岛的同时，沙俄也在图谋进入黑龙江下游及库页岛。自《尼布楚条约》签订后，俄国在东方的扩张转向黑龙江流域的东北方。1697年，到达了堪察加半岛。1738—1739年期间，参加过白令考察队的什潘别尔克中尉等人带着寻找日本航线的任务，从堪察加半岛沿千岛群岛到达日本的松前和本洲，并从虾夷人那里获悉了库页岛的存在。这是俄国人第一次知道在北太平洋地区还有一个库页岛。1742年，俄国人舍利京克勘察了几乎整个库页岛的东海岸。通过对库页岛的勘察，沙皇俄国充分认识到库页岛对沙俄在远东利益的重要性。于是，沙俄政府于1756年派勃拉吉谢夫赴清朝商谈关于允许沙俄船只在黑龙江自由航行的问题，但遭到中国政府的拒绝。

鉴于黑龙江和库页岛在北太平洋地区的重要性，法国航海家拉彼鲁兹于1783—1787年间也对黑龙江口和库页岛进行了勘察，从而发现了宗谷海峡。10年后，英国航海家布劳顿又对黑龙江口和库页岛进行了考察。总之，他们都得出了黑龙江没有出海口的错误结论，致使黑龙江和库页岛在沙俄政府眼中的地位降低了。尽管如此，沙俄并未就此放弃向北太平洋的扩张。

1799年，沙俄政府正式批准成立"俄美公司"，该公司在名义上是商业机构，而实际上是"政府在一切不便以它自己的名义出面的特殊情况下所不可缺少的一个最忠实、可靠的代理机构"。它的任务是使俄国的地位在北太平洋地区，即加利福尼亚的北美洲西部沿海地区，以及库页岛、黑龙江口等地区进一步巩固下来。在这一方针指导下，1803年，沙俄政府任命列扎诺夫为使臣前往日本的同时，还派出了由克鲁逊什特恩指挥的两艘船与之同行，奉命"描绘东洋海岸和考察萨哈林岛、阿穆尔河河口"，克鲁逊什特恩对黑龙江口和库页岛考察的结果同拉彼鲁兹、布劳顿的测绘结果如出一辙："萨哈林是个半岛，因此，不能从鞑靼海湾航行至阿穆尔河口湾。"列扎诺夫虽然与日本的外交努力未获成功，但他了解到当地日本居民迫切希望通商，并注意到日本海防十

疯狂掠夺中国资源的俄美公司

分薄弱。于是，他上奏沙皇政府，要求通过武力迫使日本开国通商。具体步骤是：破坏日本在库页岛的势力，由俄国取而代之。在得到沙俄政府的允许后，他授意俄美公司海军军官赫沃斯托夫武装船只，于1806年10月10日袭击了库页岛南端亚庭湾（即久春古丹）的日本松前藩税务所，焚烧仓库，宣布库页岛为俄国所有。

俄国人袭击库页岛的消息传到江户后，德川幕府立即派远山景晋等人赴库页岛，将原松前藩主对库页岛的统辖权收归德川幕府直接管辖。与此同时，德川幕府为了弄清库页岛的真实情况，于1808年春派遣间宫林藏和松田传十郎等人赴库页岛勘察，初步得出库页岛是一个岛屿的结论。1809年，间宫林藏再次对库页岛进行勘察，并沿黑龙江溯流而上，访问了中国清政府设在黑龙江下游德楞的地方政府。由此，日本人第一次确切地得知库页岛是一个岛屿。

为了巩固幕藩体制，德川幕府于1814年

库页岛阿尼瓦灯塔

此灯塔由日本建造，通过放射性热同位素发电机供电，现已废弃。

从南库页岛撤兵，恢复了松前藩主对库页岛的管理权，这表明德川幕府对库页岛失去了兴趣。在俄国方面，继1811年日本扣留俄国舰长戈洛夫宁事件后，俄国忙于欧洲事务，暂时也放松了对库页岛、千岛群岛等地事务的关注。至此，俄日对库页岛的争夺暂告一个段落。

1844年，沙俄通过了俄美公司新章程。"商人继续参与公司领导，已根本不可能了。从此，贸易业务同'重大政治'问题一样，完全由陆军少将和海军少将们处理。"这样，俄美公司已地地道道地成为沙俄侵略北太平洋地区的据点和工具。1846年7月20日，俄美公司康士坦丁号船驶抵位于库页岛北端的伊丽莎白岬，加紧对库页岛进行勘察。1849年2月8日，沙俄政府又准许"涅维尔斯科伊率考察队前往阿穆尔河口，与基里亚克人建立联系，并监视外国人的行动，不让他们占领阿穆尔河和萨哈林的任何据点"。但又指出：涅维尔斯科伊可以"在阿穆尔河口附近选择一个有利据点，如果以后认为时机适宜，就可以随时占领"。遵照彼得堡的指令，1849年6月26日，涅维尔斯科伊乘"贝加尔"号军事运输船驶往库页岛东海岸，再次对库页岛进行勘察。涅维尔斯科伊推翻了以前沙俄所有对黑龙江口及库页岛的看法，得出的结论是：第一，萨哈林不是半岛，而是一个岛屿；第二，各种等级的海船可以从鞑靼海峡穿过，1849年7月22日我们所发现的海峡驶入河口湾；而吃水二十三呎（6.9米）的船

涅维尔斯科伊

日本绘制的日俄战争场景刻意显示战胜者的姿态

日俄战争是 1904—1905 年日本和沙俄为争夺朝鲜半岛和中国东北而爆发的战争。

只可以从北面，从鄂霍次克海进入河口湾（以及从鞑靼海峡经过河口湾通往鄂霍次克海）；第三，吃水十五呎（4.5 米）的船只可从鞑靼海峡进入阿穆尔河口，而吃水十二呎（3.6 米）的船只可从鄂霍次克海进入。这使沙俄觊觎库页岛的热情更加高涨。1850 年 8 月 1 日，涅维尔斯科伊到达库艾格达岬后，在当地居民在场的情况下，升起了俄国旗帜，宣布"现在阿穆尔河口、萨哈林和鞑靼海峡沿岸地带已纳入俄国版图，它们的不可侵犯性将受到武力保护"。1852 年 2 月 11 日，鲍什尼亚克在考察库页岛时在杜尼湾又发现了库页岛上最大的露天煤矿层，这进一步坚定了沙俄占领库页岛的决心。

鉴于库页岛的丰富资源和重要战略地位，穆拉维约夫于 1853 年 3 月在莫斯科向尼古拉一世递交了一份旨在占领库页岛的机密奏折，特别强调了英国占领堪察加、库页岛和阿穆尔河口会永远切断沙俄和太平洋的联系。1853 年 4 月 11 日，尼古拉一世批阅了关于库页岛的奏折，批准了"应由俄美公司占领萨哈林岛，并根据它在其特权范围内控制其他土地的原则，控制萨哈林岛，……俄美公司不应允许任何外国人移居萨哈林岛，……为保卫岛屿沿岸及港口，防止外国侵犯，俄美公司应置备足够数量之船只，但遇有武装进犯，可向政府要求派出军队保护"。穆拉维约夫得到沙俄政府的准许后，很快就成立了由涅维尔斯科伊率领的"阿穆尔特别考察队"，准备前往库页岛，实施军事占领。1853 年 8—9 月间，涅维尔斯科伊根据穆拉维约夫的指令，在库页岛上先后建立了一系列军事哨所。

当沙俄企图进一步扩大自己对库页岛的占领时，英、法、美等国为了各自的利益，纷纷通过驻日代表公开支持日本占领库页岛，以此来对抗沙俄，试图形成一道扼制沙俄势力南下中国和朝鲜的屏障。但日本政府自幕末以来，在库页岛的势力日趋衰弱，再加上朝鲜国内反日情绪和台湾问题的牵制，日本也是力不从心，不得不跟沙俄采取"和谈"的策略，以缓和库页岛和千岛群岛的压力。

沙俄政府针对日本方面的软弱和现实的困境，采取武力强占和外交讹诈两种手段，强迫日本承认他们对库页岛和千岛群岛的占领。1852 年，沙俄在继续实施占领库页岛南部的久春古丹的同时，委派普提雅廷为全权代表赴日进行谈判。普提雅廷担任的使命是："（1）调整和划定一向争议不绝的日俄两国间的边界（千岛和库页岛）；（2）与日本建立邦交和贸易关系。"在普提雅廷滞留日本期间，克里米亚战争爆发，英法成为沙俄的敌人，普提雅廷便想与美国合作促使日本打开国门，但是美国拒绝同俄对日行动，并在沙俄提出的同日本划界和建交问题上采取了十分不友好的态度。在这种态势下，普提雅廷害怕遭到英法舰队袭击，便于 1854 年 2 月 5 日退出长崎，撤走占领久春古丹的俄军。不过，《日美友好条约》签订，促使普提雅廷不得不再次赴日，与日谈判。1855 年 2 月 7 日，《日俄和亲通好条约》

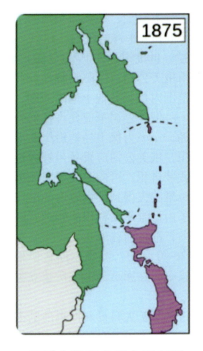  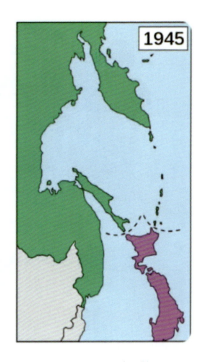

日俄博弈期间库页岛示意图

库页岛自古以来就是中国领土不可分割的一部分，但从 19 世纪起，鉴于库页岛的重要地位和丰富的自然资源，逐渐成为日俄争夺的对象。日俄对库页岛的争夺可以分为三个阶段，而这三个阶段的争夺都是伴随俄国远东政策与日本大陆政策的矛盾冲突，以及西方帝国主义在东北亚的角逐而展开的。

签订，条约规定："千岛群岛中择捉岛以南归日本领有，以北为俄国领有；库页岛维持以往之惯例，不设定国界。"沙俄这样做的目的正如穆拉维约夫所言："无论如何应避免日俄两国分割库页岛，若让日本占领库页岛的一部分，第三国得到特权就会把俄国人从太平洋驱逐出去。"条约的签订一方面反映了幕府政治的软弱，另一方面也表现了俄国吞并整个库页岛的野心。

1867 年 3 月 30 日，日俄双方签订了《库页岛暂行规定》：沙俄把俄属千岛群岛中的得抚岛等四岛让与日本，允许日本渔民在库页岛居住；两国的国界线仍以宗谷海峡，即

北纬 48 度线为界；继续保持原来的杂居状态。从谈判结果来看，日俄双方虽然在立场上多少都有所变化，但从以后的历史进程来看，双方仍然存在着根本分歧。此后不久，德川幕府就土崩瓦解了，取而代之的是明治政府。

在沙俄用兵库页岛时，沙俄与英国在中亚和西亚的矛盾也开始不断加深，沙俄为了集中力量对付英国，不得不缓和与日本在库页岛上的争端，于是，俄日终于又回到谈判桌前。1874 年初，俄方提出以得抚岛以北的千岛群岛与日本交换南库页岛的方案，这正好符合日本解除后顾之忧，集中力量侵略中朝两国的愿望。于

是，明治政府派出驻俄公使木夏本武扬前往彼得堡与沙俄政府谈判。1875 年 5 月 7 日，在日方做出让步的情况下，日俄双方签订了《库页岛千岛交换条约》，条约规定：日本占据的库页岛南部地区转让给沙俄，两国以宗谷海峡为界；作为补偿，沙俄将千岛群岛的占守岛至得抚岛等 18 个岛屿让给日本，两国以洛巴加岬和占守岛之间的海域为界。通过千岛与库页岛的交换，"沙俄终于吞并了整个库页岛，把它与同是从中国掠夺来的黑龙江以北、乌苏里江以东的领土连成一片，巩固了沙俄在远东的侵略基地，为日后西窥中国，南侵朝鲜、日本打下基础"。

中东铁路横道河子机车库

横道河子站位于黑龙江省牡丹江市海林市，是中东铁路东部线上的中心站，是通向哈尔滨的必经之路。火车驶出横道河子就开始穿越高岭子险要路段，爬坡需要加挂机车。因此，当时在横道河子设立了机务段，修建了一座总面积 2000 多平方米的机车库，机车库由 15 个并列呈扇形的库房组成，每个库房均有拱形圆筒屋顶，黑色大门，高大宽阔，便于机车出入，建筑砖墙坚厚，铁瓦盖顶，15 个筒顶相连，似一波连浪，气派壮观。

摄影 / 施正威

《库页岛·千岛交换条约》使日俄争夺库页岛的斗争经历了一段平静的时期，其中一个重要原因便是俄国远东地区人烟稀少，交通不便。但 19 世纪末，沙俄又重新对远东产生了兴趣。1891 年 3 月，沙俄修筑了西伯利亚大铁路，这为日后沙俄在远东攫取不冻港、扩大通往太平洋的出海口、扩大对中国和朝鲜的侵略，以及争夺北太平洋霸权起到重要作用。

1894—1895 年的中日甲午战争便是日本大陆政策与沙俄远东政策矛盾斗争的产物。中日《马关条约》使日本侵占了中国的辽东半岛，这使沙俄在远东的政策遭到了破坏，于是，沙俄财政大臣维特建议对日本进行干涉。在俄、德、法三国的干涉下，日本被迫归还了辽东半岛，沙俄远东政策得以顺利推进。沙俄通过 1896 年 6 月《中俄密约》取得了修筑中东铁路（又称东清铁路、东省铁路）的特权。两年后，沙俄又取得了修筑北起哈尔滨、南至旅顺和大连的支线铁路的权利。1897 年 12 月，沙俄占领了旅顺和大连。1900 年，沙俄趁中国义和团运动之机，占领了整个东北。

1904 年 2 月 8 日，日本夜袭旅顺口的俄舰队，从而拉开了日俄战争的序幕。1905 年 5 月 27 日，东乡平八郎率领日本联合舰队在对马海峡歼灭沙俄的波罗的海舰队，致使沙俄失去了制海权。此时，沙俄国内爆发了革命，而日本也民穷财尽，难于支持战争。隔岸观火的美国，为了保持在北太平洋地区的均势，实施他们的"满洲机会均等、门户开放"政策，在日俄两败俱伤的情况下，出面调停。1905 年 9 月 5 日，日俄双方在美国的朴次茅斯签订了日俄《朴次茅斯条约》，条约规定了俄国将从中国取得的包括旅顺、大连在内的辽东半岛的租借权及其附属特权，中东铁路的南满支线转让给日本，把库页岛北纬 50 度以南部分及其附近一切岛屿让给日本。至此，日本重新获得了库页岛南部的控制权。

日俄战争改变了北太平洋地区帝国主义之间的力量对比，日本从沙俄手中取得了中国东北南部的利益，并使朝鲜事实上成了其附属国。美国打着"门户开放""机会均等"等口号，推行"美元外交"，向沙俄控制的东北势力范围不断扩张。沙俄由于实力被削弱，在北太平洋地区采取了守势政策，走上了与日本相互勾结，共同压迫中国、对抗美国的道路。日俄双方自 1907 年始签订了《俄日协约》和《俄日秘密协约》等一系列条约，严重损害了中国

刘公岛邓世昌雕像

刘公岛位于中国东部山东半岛东端威海湾湾口，岛面积3.15平方公里，岛岸线长14.95公里。在国防上有着极其重要的地位，素有"东隅屏藩"和"不沉的战舰"之称。

和朝鲜的国家主权和领土完整。通过这些协约，俄日两国事实上瓜分了中国的外蒙古和东北，以及朝鲜半岛，为他们的侵略创造了有利的国际条件。

1914年夏，帝国主义瓜分殖民地、争夺霸权的矛盾激化，终于酿成了第一次世界大战，日本趁机向北库页岛扩张势力，图谋占领整个库页岛。1920年1月31日，苏维埃政权滨海省临时政府在符拉迪沃斯托克（海参崴）成立，给日本的北进政策以沉重打击。7月16日，美国政府发表声明，反对除俄罗斯人外任何他国占领库页岛北部，实际上阻止了日本势力在北太平洋地区的继续扩张。

1924年，日本组成了以加藤高明为首的三派联合政府，实行所谓"币原外交"。币原喜重郎明确提出要适应华盛顿体系的外交方针，要求改善与美、苏的关系。1925年1月，日苏两国在北京签订了关于两国关系基本原则的协定，规定"两国建立外交关系"，"《朴次茅斯条约》仍有效"，"在通商航海条约缔结前，双方保证居住、旅行的自由"。在两个议定书中，双方进一步议定以"1925年5月15日为期，日军从北库页岛撤退"，同时，日本获得了北库页岛油田50%的开发权，以及指定地区的煤矿开发权。这是双方彼此妥协才达成的协定。日本虽然从库页岛北部撤军，但获得了北库页岛油田的开采权，库页岛的争夺因此暂趋平静。

1945年2月11日，美、英、苏三国首脑在雅尔塔召开会议，签订了《雅尔塔协定》。根据协定，在德国投降及欧洲战争结束后两个月或三个月内，苏联将参加对日作战，其条件为"日本于1904年背信弃义进攻所破坏的俄国以前的权益须予以恢复，即库页岛南部及临近一切岛屿须交还苏联"，"千岛群岛须交予苏联"。同年8月8日，苏联向日本宣战并出兵中国东北。随后美国承认苏联对整个库页岛的占领。9月2日，美国单独占领日本，苏联则把库页岛南部、千岛群岛等地收归己有，并在军事上完成了对这些地区的控制。

（原载于《东北史地》2008年第1期）

吴大澂光绪年间督办吉林边务时给朝廷的奏折中指出，"臣查俄人占据珲春所辖黑顶子地方，……确系中国地方"，"断不能任其久假不归。至俄人性情诡谲，变幻无常，久在圣明洞鉴之中。稍一松动，得步进步，亦不可不防其渐也"。奏折语句不多，但句句戳心，既揭开了当时沙俄虎视眈眈、步步紧逼，企图蚕食中国东北边疆的野心，也显示出吴大澂等一批仁人志士不畏艰险，寸土寸心强边卫国的情怀与国士风采。有人会想，当时的吉林边远苦寒，能顺其自然，应付朝廷，也就过得去。但恰恰有吴大澂、吴禄贞等这样一批"较真儿"的人，才让我们的国土不再丢失、出海有了希望。他们把"国"字写在界牌上，在民族屈辱的历史上点亮一道尊严之光。

一卧沧江：
吴大澂东北筹边纪事

撰文 / 李德山　许冠华

　　清同治七年（1868 年），吴大澂中进士，开启了他的官场生涯，此后历任陕甘学政、河南河北道员、太仆寺卿、左副都御史、广东巡抚、湖南巡抚等职。19 世纪 80 年代，吴大澂"两度皇华"赴东北筹边，为稳固边疆、捍卫领土主权做出了卓越贡献。这段经历，不仅是吴大澂人生中浓墨重彩的一笔，也是吉林省历史人文的重要组成部分，更是中国近代维护国家统一和领土完整过程中不可磨灭的光辉事迹。

边事日艰，临危受命，初赴吉林

19世纪60年代，沙俄利用清政府内外交困之机，通过一系列不平等条约侵占了中国东北及西北的广袤领土。沙俄随后致力于巩固其势力，使得边疆局势暂时缓和。

然而，阿古柏叛乱期间，沙俄再次伺机而动，占领伊犁并持续蚕食西北领土，清政府虽多次尝试收复伊犁，但均未能成功，最终派遣崇厚于光绪四年（1878年）前往俄国谈判。

由于缺乏外交经验，崇厚在未经朝廷批准的情况下，擅自与沙俄签订了丧权辱国的条约。沙俄通过此次签订的《瑷珲专条》再次确认了《瑷珲条约》的内容，并额外获取了在松花江航行和贸易的特权，为其进一步侵略中国东北边疆打下根基。

条约签订的消息传到国内，马上引起了朝野上下的强烈反响，如张之洞所奏，"不改此议，不可为国"。清政府遂惩办了崇厚，并开始谋求修改条约。这一举动激起了沙俄的强烈反应，开始调集军队展开武力威慑。

而此时的东北，虽贵为清朝的"龙兴之地"，但边备早已松弛，不堪重负。反观沙俄在攫取黑龙江以北、乌苏里江以东的大片土地后，积极移民并部署军队，将海参崴区域建设为军事要塞，从而给东北边防带来了沉重的压力。

在此背景下，清政府决定选拔人才来整顿和强化东北边疆的防务力量。而吴大澂正是在此时进入了朝廷的视野，他之所以被派往吉林经略东北边务，与他此前经历有着密切关系。

吴大澂年少即有济世之志，在其28岁入京应试之前，多次以寒士之身份办理赈济、施行善举，展现了济世才能。同治七年（1868年），吴大澂得中进士，进入官场，同治十年（1871年），授职翰林院编修。据《自订年谱》记载，次年，吴大澂创办慈幼堂收留流浪儿童，同年，他还为遭受严重水灾的直隶文安、大城、固安等县募捐赈济。吴大澂的才华与济世之举深受晚清重臣李鸿章的赏识，在李鸿章的举荐下，他参与了"丁戊奇荒"的赈济事务，并因筹办赈务出色着加侍读学士衔，还于光绪四年底（1879年初）补授河南河北道员缺。吴大澂在河南河北道任职期间，先后裁断了2000余起贫民赎地的诉讼案，并且减轻赋税与民生息，为历经灾荒的当地带来了生机。虽然他仅任职一年，但其作为深受当地百姓称颂，其政绩也得到了清廷的认可。这个经历也使吴大澂更加了解百姓的疾苦和亲力亲为的重要。

因此，当东北边疆陷入危机，急需选贤任能整顿防务之时，吴大澂就成了清廷的得力人选。光绪六年（1880年），朝廷颁布谕旨，命令吴大澂前往东北，与吉林将军铭安一道办理边事。至此，吴大澂开始了他经略东北边务的生涯。

加强边防，编练军队，外攘内抚

吴大澂抵达吉林时，东北边情已十分紧张。据相关文献的记载，此时沙俄已经计划水

陆并进，封锁海上交通，全面入侵东北。而吉林的八旗营兵和地方练军则缺乏训练、武器落后，无力抵抗。

针对这一情况，吴大澂决定参照湘军、淮军编制，以直隶练军章程为基础，编练巩、卫、绥、安马步四军。所拟定编练的四军，有马队6营，每营250人；步队7营，每营500人，总共13营5000人。其中，12个营分别驻扎于乜河、珲春、巴彦通等中俄边境要地，以防沙俄进犯。另外，他们还奏请由户部每年拨发饷银50万两，使四军的训练经费有较充

▌雅克萨之战后清廷颁布安民告示

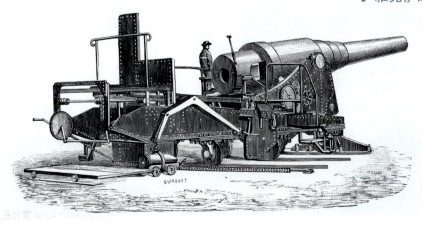

▌克虏伯大炮

克虏伯大炮，口径280毫米。炮管长11.2米、重44吨，仰角可达30度，有效射程19760米，炮弹3000米内可穿透65.8毫米的钢板，每分钟可发射1—2发炮弹。

夹皮沟矿

韩宪宗铜像

"关东金王"韩宪宗，诨号"韩边外"，字国瑞。据《文登县志》及《韩氏家谱》记载，韩宪宗为山东登州文登县韩家庄人，6岁随父闯关东，26岁开始聚众淘金，并逐步发展成为一代"金王"，对长白山地区的开发建设具有重要影响。

分的保障。

光绪七年（1881年），吴大澂练兵初见成效，吉林防军增至9000人，不久后改编为靖边军。此军共分为前、后、左、右、中5路，每路设一统领，每统领辖4营，每营4哨，每哨若干队。吴大澂还为这支新军购置了新式武器，据《吉林通志》记载，有4门格林炮，20门克虏伯大炮，1000支恰乞开枪，4000支来福枪，3000支毛瑟枪，极大地增强了吉林军防的力量。

此外，在操练防军的过程中，吴大澂还踏查了东北边疆的山川河流，深入了解了中俄边境的关隘与险要之处。基于实地考察，吴大澂在东北东部的珲春、宁古塔等地修筑了炮台，以抵御海参崴方向的俄军；在松花江下游的险要之地巴彦通修筑要塞，以扼守航道。防御设施的增修进一步提升了东北的防务能力。

其间，吴大澂为了更好提升士兵的作战力，亲手编写了一部《枪法准绳》，详细讲述各种枪支的特征和使用方法。

除了沙俄迫近所带来的边防压力外，吉林边境地区还面临着日益猖獗的匪患。同治五年（1866年），土匪武装曾啸聚吉林，一度威胁省城，严重影响了当地的社会秩序。清廷多次进剿，却未能消灭土匪，因此命令吴大澂妥善处理，消除边境的隐患。

吴大澂领命后，通过调查了解到当时在吉林边境地区活动的土匪主要是以韩宪宗为首的"金匪"。这是一股以盗采黄金为生的流民团体，首领韩宪宗本人还曾率领乡勇助官剿匪，这说明他们并非穷凶极恶之徒。况且此时外有沙俄虎视眈眈，如果武力清剿可能会造成更大的伤亡和破坏，甚至使"金匪"为沙俄所诱，进一步威胁边疆安全。

于是，吴大澂决定采取招抚的策略。他胆识过人，在简单乔装打扮后，单骑赴会，进山会见韩宪宗。韩宪宗为吴大澂的胆气所折服，便出山迎接。当晚，吴大澂单刀直入，向韩宪宗阐明了来意，不仅劝其出山改过自新，而且明确向他承诺，会向朝廷奏请赦免其罪过。韩宪宗为吴大澂的诚意所打动，决定同吴大澂前往省城吉林。

韩宪宗接受招抚来到吉林城后，吴大澂信守承诺对韩家进行了妥善安置。他先任命韩宪宗帮办团练，辅助自己处理边境防务。同时，他还积极上奏为韩家请赏，朝廷同意了其奏请，并赏给韩宪宗五品顶戴，其一子、二侄七品顶戴。吴大澂通过智慧与胆识巧妙地化解了边疆匪患，并将其逐渐转变为维护边疆稳定的力量，实乃一举两得之道。这种能力与魄力深受清廷重臣李鸿章的认可，其评价吴大澂之举"贤于十万师矣"。

吴大澂果然没有辜负朝廷重托。为了进一步消除"金匪"隐患，他向朝廷奏明："金厂地方，仍照向章封禁，不准偷挖，以免匪徒聚众滋事。"吴大澂的建议在一定程度上避免了流民聚集滋事形成匪患，有效地巩固了招抚成果。

穆棱河

穆棱河是乌苏里江最大的支流，位于黑龙江省东南部，发源于黑龙江省穆棱市老爷岭山脉东坡穆棱窝集岭。千里穆棱，留下吴大澂筹边的足迹。

移民兴边，广招垦民，改善交通

在边疆危机中，清政府明确地认识到，解决吉林防御薄弱、治安混乱等问题还在于妥当处置流民。因此，于光绪七年（1881年）四月令吴大澂督办吉林东部地区的屯垦事宜。

吴大澂深知吉林地区地广人稀、土地资源丰富但开发不足的情况。为吸引民众前来垦荒，他制定了一系列政策。同时，吴大澂通过实地考察，划定招垦用地，并设立了招垦局。吴大澂先是命令江苏阳湖人氏潘民表筹办三岔口招垦局，后又命令李金镛设立珲春招垦总局，并下设五道沟和南冈招垦分局。

此外，吴大澂还致力于屯垦戍边，他命令副将吴永敖前往山东招募屯兵，并奏请划拨边防军饷以应屯垦之需。次年五月，吴永敖率

穆棱河畔粮台山　摄影 / 张福有

吴大澂塑像及帮办吉林事务档案

清光绪六年（1880年）正月，吏部奉上谕赏吴大澂三品卿衔，赴吉林随同铭安帮办一切事宜。

领新招募的 200 名屯兵返回吉林，吴大澂指令他们在各处屯田，夏秋从事农业生产，冬春农隙时练习刀枪阵法，兼具防守与垦荒功能，既加强了边防，又促进了边疆开发。

为进一步推动移民兴边，吴大澂开始着手兴修基础设施，改善吉林地区的交通条件。

当时吉林地区有一些驿道因长期缺乏维护，路况差、通行不畅。吴大澂组织人力对这些驿道进行修缮，将狭窄路段拓宽，在河流处架设桥梁，并增设驿站。比如，他在吉林城至宁古塔的道路上，修建了 20 多座大小木桥，在宁古塔、珲春两地的道路上各增设 5 个驿站。吴大澂通过对原有驿道基础设施的修缮，使得人员、物资的运输以及信息的传递更加便捷高效，为吉林地方的经济发展提供了基础保障。

吴大澂在修缮旧有道路的同时，还基于边防需求规划建设了新的道路。吴大澂经过实地查勘后，计划常驻宁古塔，将其建为边防重镇。

为此，他以宁古塔为中心，开辟了向东至东宁、西至吉林城、北至三姓的三条大路。吉林各地开始修筑边路，这些边路方便了军队的调动和物资的运输，增强了清廷在边境地区的影响力和控制力，为边境的稳定和安全提供了重要支持。

吴大澂的这一系列举措，充分体现了他深邃的远见和脚踏实地的务实精神。他的不懈努力，不仅为彼时的吉林地区开辟了新的发展机遇，更为后世留下了珍贵且不可磨灭的历史遗产。

创办实业，运筹帷幄，培养人才

吴大澂在吉林筹边期间，不仅在加强边防、移民兴边等方面有着卓越贡献，还积极创办实业、建设学堂以培养工业人才，为吉林地区的发展注入了新的活力。

19世纪80年代正值洋务运动蓬勃兴起之际，金陵制造局、上海制造局等机构纷纷应运而生，而当时的吉林地区，发展相对滞后，可以说毫无工业基础可言。吴大澂与洋务派关系密切，深受洋务思想熏陶，他深刻认识到，要巩固边防，必须发展实业，提升装备自给能力。

同时，随着国内外形势的变化，发展近代工业已成大势所趋。因此，吴大澂主张建立吉林机器局，以生产军械。

在吉林机器局建设与发展的过程中，经费和人才是两大挑战。

由于当时清廷财政拮据，吴大澂只能略

兵技指掌图说之抬枪练法

吉林机器局，作为中国近代工业的先驱，其制造的产品包括了弹药和枪炮两大类。在弹药类中，吉林机器局曾生产出多种火药和子弹。左图为抬枪练法，在吴大澂《枪法准绳》中有所记载。

吉林机器局铸币厂

该铸币厂于光绪八年（1882年）试铸银元，至光绪十年（1884年）先后铸造厂平一两、七钱、半两、三钱、一钱五种面值的钱币，是我国自行设计、制造的最早一批钱币。图为造币厂生产车间。

吉林机器局制光绪十年厂平半两银元

圆形，正面中间方框内铸刻顺读楷字"厂平半两"，其四周是满文。满文之间饰以云卷纹，边缘有一周内向三角纹图案。背面铸刻有竖读小篆"光绪十年吉林机器官局监制"字样。

分缓急、开源节流。据《洋务运动》一书记载，吴大澂了解清廷财政情况，因此仅奏请拨款银十万两，用于厂房和炮台建设，但他也明白，十万两白银并不足以支撑两项工程同时展开，因此决定优先保障建厂所需，可见其对于实业发展的重视。此外，他还制定章程，严格管理经费的使用。他提出，机器局中每个月的收支账目都要有详细的清单，并且随时上报，对所使用的各种材料也要严格核对，保证每笔款项清晰，绝不混乱。在吴大澂的精打细算下，光绪八年（1882 年）初，吉林机器局在吉林城东南 8 里的松花江岸边破土动工，并于次年八月正式落成。该厂建成后迅速投入生产，在落成后的 18 年中，其产出的抬枪、骑铳、来福枪、毛瑟枪、葛尔萨格林炮等枪支火炮，为吉林靖边军提供了源源不断的武器装备，进一步增强了边防力量。

吉林地处边疆，专业技术人才稀缺，为保障吉林机器局的发展，吴大澂只得自行招募人才。他把目光放在洋务运动的前沿——天津，引入了天津机器局的宋春鳌。此人不仅熟悉西方技术，而且还为吉林机器局招聘了大批熟练的技术工人，有力地保障了机器局的运作。然而，吴大澂也意识到，要想实现工业的长远发展，就必须要实现人才的本地化培养。为此他筹办了一所专门培养工业技术人才的学校，

名为"表正书院"。吴大澂提议吉林府教授衙门派遣 30 多个满汉学生专门在此学习算法。几月后，吴大澂向朝廷奏报称，诸生童有志向学，渐入门径，颇有可塑之才，将来日进有功，与机器制造测量诸法触类可通。表正书院的设立，对于开启民智发挥了积极作用，为吉林地区近代化积淀了必备的文化基础。

再赴吉林，据理力争，勘定边界

光绪十一年（1885 年），鉴于中俄东界界牌年久失修状况，总理衙门奏请重划分界线、竖界牌。同年秋，清政府委派吴大澂会同珲春副都统依克唐阿为勘界代表与俄会谈。吴大澂因此再赴吉林。

吴大澂获此任命，因其此前督办吉林边务政绩出色。他加强边防的措施成效显著，展现出出色的个人素质与为官能力，深受李鸿章青睐与肯定，李也为此次勘界提供了支持。吴大澂一直关注吉林东界事务，曾发现珲春黑顶子等地被俄侵占，便上疏朝廷，建议按条约划清界址收回失地，虽未及时获批，但为后续勘界奠定了基础。当奕劻建议派遣深谙边疆事务的重臣勘察东部边界，吴大澂凭其丰富经验及对东界的深刻认识成为不二人选。

为勘界会议，吴大澂做了充分准备。他与俄勘界大臣商议界务，重点关注重立"土"字牌、归还黑顶子及图们江口出海权事宜。他发现旧图部分界牌缺失或未立，"倭"字牌居然是在纸上写的字，日久纸张已脱落。于是提出补立"玛""啦""萨"等字界牌，将木质界牌换为石质，在未立界牌处多立封堆挖沟作记。

勘界会议中，"土"字界牌问题尤为关键。"土"字界牌位于中俄边界南端，被沙俄私移且原木牌损毁。吴大澂据理力争，指出应按条约在江边补立，俄方以各种借口推托。吴大澂凭借对条约的精准理解反驳俄方，最终俄方同意改立界牌。新立的"土"字界牌距海 15 公里，为中国争回部分国土。立牌时吴大澂亲临监立，新界牌为石质，构造坚固。他还在附近

添立铜柱，刻字表明捍卫领土主权的决心。

黑顶子被俄侵占，吴大澂早建议收复。此次勘界会议上，他成功迫使沙俄归还。收复后，吴大澂派军进驻、设卡伦，开展移民实边，设立招垦分局，巩固了谈判成果。

对于界牌问题，吴大澂等发现条约规定与实际不符。经交涉，补立了部分界牌，增设小界牌和封堆记号。在"倭""那"字界牌问题上，虽经激烈辩论，未能完全实现吴大澂主张，但"倭"字界牌恢复到了原地。

吴大澂与依克唐阿塑像

吴大澂所立铜柱刻有：光绪十二年四月，都察院左副都御史吴大澂、珲春副都统依克唐阿，奉命会勘中俄边界。

"土"字牌界碑

"土"字牌是中国与俄罗斯两国界标之一，也是中俄边境线上第一座界碑。"土"字牌高 1.44 米，宽 0.5 米，厚 0.22 米，为花岗岩石碑。

在罕奇和图们江口行船问题上，吴大澂支持吉林官民收回罕奇的要求，但由于俄方反对，未能实现。他又争取图们江口出海权益，与俄方谈判中据理力争，多次电询李鸿章，最终迫使沙俄同意中国渔船、商船自由出入。

此次勘界，吴大澂取得了部分重要成果。他成功收复了部分在《中俄北京条约》签订后被沙俄侵占的领土，如在有关黑顶子等地的谈判中取得胜利，使中国领土主权得到一定程度的维护；纠正了错立和被沙俄私移的界牌，新立了一些界牌和封堆记号，使得边界划分更加清晰准确，为边疆稳定提供了更明确的依据；争得了中国船只在图们江口自由出入的权利，这对中国的对外贸易和地区经济发展具有积极意义。这些成果的取得，主要源于吴大澂"寸土必争"的坚定决心和个人努力，他在勘界过程中据理力争，不向俄方的无理要求妥协，充分展现了中国外交官的气节和智慧。

然而，此次会勘边界亦存在若干缺陷。举例来说，尽管经过多方努力，"土"字牌的位置得到了一定程度的校正，但并未能完全恢复至《中俄北京条约》所规定的原址。此外，

勘界由于俄方极力阻挠和朝廷的软弱，特别是针对以松阿察河与乌苏里江为界的区域，使得沙俄得以继续在该段边界上采用多种手段侵犯我国领土，也为边疆争端留下隐患。

文武兼资兴边事，龙威虎震捍东疆

吴大澂在吉林的筹边举措对加强东北边防、促进地区开发有积极意义，代表了晚清有为之士为边疆安全的努力。光绪六年至十年（1880—1884），他积极加强边防，编练靖边军，提升了吉林的军事防御能力，改变了原有军队缺乏战斗力的状况。招抚"金匪"头目韩宪宗，不仅消除了边境的匪患，还使其为边防助力，增强了边境的安定因素。他积极推动移民实边，通过设立招垦局、招募屯兵等措施，促进了东北地区的开发，使得大量人口迁入，土地得到开垦，为边疆地区的发展带来了活力。同时，他重视交通建设，倡导开辟边区道路、建筑桥梁、增设驿站，改善了边疆地区的交通状况，加强了地区间的联系，有利于经济发展和

敬信边地风光

光绪十二年（1886年），138年前的春夏时节，在岩杵河的谈判桌上，吴大澂与沙俄据理力争，以"一寸土地尽寸心""应争者必争、应办者必办"的爱国情怀，不辱使命，重立"土"字牌、收回黑顶子地方（今珲春市敬信镇）。

边防巩固。他还主张创办实业，设立吉林机器局，制造新式武器弹药，增强了军事装备实力，培养了一批技术人才，对东北地区的近代工业发展起到了推动作用。

然而，吴大澂的筹边措施也存在一些局限性。受时代和自身认识的影响，他对列强侵华本质和实力的认识也有一定不足；同时，清政府官场腐败，使得一些措施未能真正达到强边固国的理想效果。在晚清时期，中国边疆面临诸多危机，列强环伺，吴大澂的筹边生涯虽有努力，但在特殊时代下难以从根本上改变边疆局势，其成效相对有限。几十年之后，著名历

史学家顾颉刚在《吴愙斋年谱》的序言中给予的评价或许更为公正、中肯："先生一生，未尝以一己之荣华而忽民生之涂炭，又未尝以外人之逼迫而隳国家之尊严，其谋国之忠，任事之勇，实迥非常人所可及。""夫大厦之倾也非一木所能支，先生虽为一劲柱，独奈何此大厦之倾有必至之势乎！"他所看到的吴大澂，是百年国耻中的一道亮光，是万马齐喑中的一声呼喊，是一个传统文人、传统能臣竭尽所能而又拊膺长叹的无奈背影。

尽管有缺漏，但吴大澂的贡献仍值得铭记。翁同龢为吴大澂撰写挽联"文武兼资，

"龙虎"石刻拓片与龙虎亭

清光绪十二年（1886 年），吴大澂奉命赴珲春，会同珲春副都统依克唐阿与沙俄代表查勘中俄东部边界，其间书写了"龙虎"二字，寓保卫疆土之意。

南海北海；汉宋一贯，经师人师"，正是对吴大澂的人生概括，横批"一卧沧江"更是其东北筹边历程的真实写照。他在国家局势变易无常的艰难时代背景下，深怀起伏忧思和郁勃不平，为维护国家利益和边疆稳定竭尽全力，展现出了担当和智慧。他的经历为后世研究晚清边疆治理和外交提供了宝贵的资料和经验教训。他在东北边疆的作为是中华民族坚韧不拔、捍卫领土完整精神的体现，激励着后人不断为国家的繁荣和稳定而努力奋斗，其事迹将在历史长河中永远闪耀光芒，成为国家和民族的重要精神财富。

图们江上的渔民

珲春市敬信镇防川村现有十几户渔民，鱼汛季节，他们下江捕鱼，轮流作业，昼夜不停地捕捞逆流而上的大马哈鱼、滩头鱼。

吴大澂
"皇华纪程"今昔

撰文 / 张福有　摄影 / 张福有

2016 年，是吴大澂撰写《皇华纪程》130 周年。这是一个值得铭记的重要时点。对于一个清末重要的外交家和学者，对其最有意义的纪念方式，莫过于在他昔日走过的路上追寻他的足迹，重温那段重要的历史。

我要感谢愙斋公为我们留下《奉使吉林日记》和《皇华纪程》两篇重要的著作。让我在书中与愙斋公对话。光绪六年腊月十五（1881 年 1 月 15 日）之夜，吴大澂是在敦化官地岗子村度过的！腊八之后第七天，在此苦寒之地，一定很冷。那时这里叫作通沟镇。此后，他在这里增设驿站，增拨兵丁和牛马，使这里继唐代渤海国时期形成东西走向的朝贡道后，又成为南北走向大驿路的交汇枢纽。

从此，我便盯住岗子村，仅 2016 年就去

了 11 次，终于发现了岗子遗址，填补了敦化考古空白。在岗子村采集到的石斧、陶豆、铁镞、青铜车辖等重要文物给我带来莫大惊喜。

那一年，"'皇华纪程'今昔"启动仪式在岗子村举行。这无疑是纪念吴大澂"皇华纪程"最有意义的奠基礼。

"皇华"，语出《诗经·小雅》。"皇皇者华"，乃君遣使臣之意，后世遂称颂使臣为皇华。"纪程"乃经历见闻之意。

《皇华纪程》一书为吴大澂日记体裁作品，价值重要，读之令人激奋。由此下定决心，一定要沿着吴大澂当年的路线，从天津到珲春，全程踏勘"皇华纪程"之路。

2018 年 7 月 30 日，我和辽宁诗友刘郎从铁岭出发，到达天津，住吉林省政府驻天津办事处。

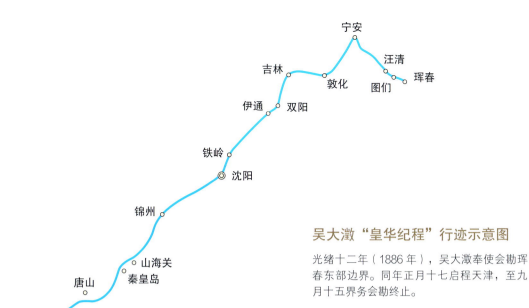

吴大澂"皇华纪程"行迹示意图

光绪十二年（1886年），吴大澂奉使会勘珲春东部边界。同年正月十七启程天津，至九月十五界务会勘终止。

天津
光绪十二年正月十七（1886年2月26日），出发地。东堤头，第一次打尖之地。潘儿庄，第一次夜宿之地

唐山
宁河石赓臣来见，乐亭县令孟丕显来见，经宋家营、高家庄到乐亭县城

秦皇岛
经红花店，叶曙清来迎

山海关
宿老军屯，随员沈韵松、王芷帆等四人到，翻译庆锡安到

锦州
锦州县令张锡銮来见，过连山、杏山、松山、大凌河、石山，过前卫、中后所，经沈阳西郊永安石桥，石上车辙犹存

沈阳
恭谒昭陵、福陵

铁岭
陈士芸呈好太王碑拓片，至叶赫站宿

伊通
伊通知州王秀山来见，过小孤山、大孤山，过伊通河、双乳山

双阳
夜宿双阳，补录二绝句，长春厅训导赵椿龄来见，宁古塔副都统荣峻峰遣官来接

吉林
过西门外万寿宫，住北门内永升店，宋渤生太守来晤，书写铜柱铭，交宋渤生代刻，一路书"虎"，曹廷杰赠永宁寺碑拓片。去经机器局、蛟河过退抟（前进）、刘家店，过张广才岭

敦化
经三道岭刻石

宁安
住宁古塔旧行台，题抱江楼诗，由观音阁渡江南行

汪清
经骆驼磊子、大坎子、荒片，在五人班题诗赠关清德

珲春
在珲春住南门内行台。与俄使谈判、东移"土"字牌。收回黑顶子地方，立铜柱，争回图们江口出海权，书"龙""虎"并刻石。光绪十二年九月十五（1886年10月14日），自摩阔崴（波谢特湾）乘"超勇""扬威"号舰返回天津

东堤头村

东堤头村坐落在天津市北辰区的东部，是吴大澂"皇华纪程"的起点。

本文作者张福有（左）与吴大澂玄孙吴元京（右）

2019年7月16日，张福有邀请吴大澂玄孙、上海吴大澂纪念馆馆长吴元京先生到吉林、黑龙江，重走133年前"皇华纪程"之路。

　　当晚，我宴请老朋友、住在天津的刘建封曾孙刘自力及其爱人李洪梅。然后，至二人家中，共叙刘建封踏勘长白山之事，缅怀刘建封的历史贡献。

　　全面、科学踏勘长白山第一人刘建封，在《长白山江冈志略》中写道："光绪元年以来，韩民越江北来垦者日多。七年，吉林将军铭安、督办边防吴大澂，奏准将越垦韩民，分珲春、敦化管辖，入我版籍。"能在刘建封曾孙刘自力先生家中，叙谈其曾祖曾在书中写下吴大澂奉使吉林处理边务之事，真是喜出望外！从吴大澂光绪六年（1880年）署理吉林边务到刘建封光绪三十四年（1908年）踏勘长白山，相隔28年。吴大澂比刘建封早生30年，刘建封踏勘长白山时，吴大澂已谢世6年。在吴大澂眼里，刘建封或许是陌生人。而在刘建封眼里，吴大澂却是前贤。他们都是朝廷命官，同

受委派勘边，又俱爱金石书画。在刘建封的笔下，吴大澂的精神得以延续。当晚回到驻津办，虽近午夜，却毫无倦意。查阅地图，对照《皇华纪程》，标注吴大澂所经之地，规划设计路线，不觉之中东方既白。

　　7月31日5时43分，我们从天津办事处出发，去东堤头，迈开重走吴大澂"皇华纪程"之路的第一步。过子牙河大桥，沿津榆路，经施各庄西堤头镇，去东堤头。这是吴大澂于正月十七离开寓所40里，在外第一次"打尖"的地方。东堤头，如今是天津市北辰区西堤头镇的东堤头村。该村有700多年的历史。

　　然后，我们经永定新河桥，到达宁河界。潘儿庄（现名潘庄镇），是吴大澂离开天津的第一个夜宿地。吴大澂在潘儿庄夜宿时，书《论语》一叶。

　　宁河县潘庄镇作为古驿站，悉因这是从

天津到东北的必经之路。一路经过芦台镇、王兰庄、经邱柳线转国道，进入河北省，又经宋家营、丰南小集，过丰润曹妃店、施家庄、高家庄，先走古柳线，后转西曾线，经滦南县高庄子，到乐亭县城。

吴大澂从乐亭行至甘草坨，《皇华纪程》中记为"甘草垞"，应误。经段杨路，进入西曾线茹荷庄古驿道，过茹荷庄，吴大澂改坐车为骑马，行至团林。又经钧儿湾，沿海边行驶入秦皇岛市。沿滨海新通大桥很快到昌黎与秦皇岛的分界处，又经牛头崖、蒲萄洼、白塔岭，到北戴河。

这条路，由村路一跃变一级路。在 G205 附近，有金港大道、海宁支线。到秦皇岛后，经红花店，至山海关。吴大澂在津奏派随员汤伯硕、沈韵松、王芷帆、吴文伯 4 人和俄文翻译官庆锡安，除汤伯硕外，都已赶到。

山海关区石河镇政府所在地，是一处古战场。吴大澂从天津走到山海关，用了 7 天。我们坐汽车，只用 1 天就到了。交通便捷了，好似时空拉近了。

吴大澂所经红花店，现已改名为红瓦店。吴大澂行至前卫，又至中后所，宿。老军屯，又叫万家老军屯。

经前所、后所到中后所，是绥中县城所在地。吴大澂行经沙后所，宁远州城外，过柳河桥，又行经连山、高桥，入锦州界，进宁远城，即兴城。

正月二十七，吴大澂经杏山到松山，锦州县令张锡銮等来见。张锡銮，此前任通化县知事。

吴大澂所经之双杨甸，现为双羊村。有明代烽火台，上有风车。正月二十七夜，吴大澂宿于此。一路完成为上海同文书局所书篆文《论语》后半部。

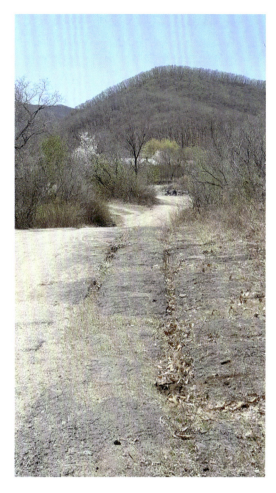

吴大澂所经驿道车辙

驿道也被称为古驿道，是古代中国设置驿站的通途大道，古代陆地交通主通道，同时也是重要的军事设施之一，主要用于转输军用粮草物资、传递军令军情。

永安桥，位于今沈阳市于洪区

正月二十八，渡大凌河，冰尚未化。又经秃老婆店（现名李家店）、石山、闾阳驿、十三山站，路过沟帮子。之后，经常兴店、广宁驿，又至孤家子、二台子、中安堡、洋岔河，宿，撰篆文《论语》后序一篇。洋岔河，现在叫羊肠河，行经小黑山站、胡家窝棚、金家窝棚、半拉门。胡家窝棚，现为胡家镇。金家窝棚，现称金家，村已不存。

二月初一，吴大澂经白旗堡至新民屯。新民屯，现为新民市。经巨流河、孤家子、老边、大荒身、大石桥，宿。承德县谈广庆来见。过巨流河。

大石桥，因村名为永安村，所以，桥称永安桥，为清崇德六年（1641年）所建，距今已有380多年。永安桥是清代大驿路的必经之路。吴大澂夜宿大石桥。此后，谒昭陵、福陵。至大洼子、蒲河，今五爱市场东一带。

又经清水台、懿路站、范家屯、辽河屯，至铁岭县城外，县令陈士芸来见，陈曾任怀仁县，询以怀仁有高句丽王碑。碑高不能精拓，陈赠吴拓本一份，"字多清朗，文理不甚贯，盖以墨水廓填之本。与潘伯寅师所藏拓册纸墨皆同，惜不得良工一往椎拓耳"。从中可知，铁岭县令来见吴大澂时，曾带来好太王碑拓片呈吴大澂。今之集安，清代归怀仁管，怀仁，即今之桓仁。

又经中固，至孙家店、九社，然后到地运所村。"地"应为"递"，音同而字误，明、清时为铁岭的递运所，是从西关移到此地的。

开原市孙台路、孙家台，当是吴大澂所记之"孙家店"。经过李家台夹草沟石棺墓群，仍露三座墓。王皋城，三道城墙。转山处，有陶片，见有底、耳，皆泥质。此城应是哈达部王城。

8月4日晨，从铁岭出发，去威远堡。寇河，正修桥。经南城子、烧锅屯、茶棚—莲花村一组、南城子水库、镇北关南关门、经二台子—杨木林线，过莲花村、蒙古河洛、梨树沟、孤榆树，到叶赫部城址。

此次为重走吴大澂"皇华纪程"西段路线，加不少折返重复，行程约1500公里，8月4日中午，结束于四平市铁东区。

10月8日至9日，准备走"皇华纪程"东段路线。起点是英额堡（英额卜占）。这次考察，要过张广才岭，便请蛟河诗友杨忠华出车相助。

10月10日在四平午饭后，径去英额堡。之后，经十里铺、火石岭子、大孤家子、赫尔苏站、小孤山到大孤山。当年吴大澂途中见伊通河北有两山，东西并峙，大小相等，"土人不知其名，余曰此东天姥两乳也"，赋诗以纪之。

吴大澂当年经此时，不是现在这段路。当年没有二龙湖水库。二龙湖水库是1943年修的。当年的路，是沿石岭子河、东辽河河谷和沟里走的，从叶赫西城出发，经过二道沟、英额堡、十里堡、石岭子、大孤家子、赫尔苏站、二龙山、小孤山、大孤山，到伊通州。这次沿"皇华纪程"之路重走东段，发现他记错了一条河名。状如双乳的两山不在伊通河北。伊通河从南往北流，在伊通县城向北流去。状如双乳的两山在石岭子河西北，距伊通河约有50公里。此处是公主岭与伊通分界处。当年吴大澂夜宿的赫尔苏站，已淹于二龙湖水下。高处的二龙湖古城尚在。

在001省道旁，立有长春与四平界标。又经土门子，到双杨河苏瓦延，即今双阳。然

大孤山

叶赫部城址

位于吉林省四平市梨树县叶赫满族镇西部老爷庙村附近，是明末海西女真扈伦四部之一叶赫部王城。也是本文作者重走吴大澂"皇华纪程"西段终点。摄影／赵春江

后去伊拉门、岔路河、依拉奇（今一拉溪）。又经蒐登站（今搜登站）、大绥河、老爷岭、欢喜岭，到西门外万寿宫，进城住北门内牛子厚的永升店。

光绪六年（1880年）五月十七，吴大澂奉使吉林，因官参局公所尚未竣工，就住在永升店，11天后移居官参局。2019年7月20日，我请吴大澂玄孙吴元京先生专程从上海到长春，一同重走吴大澂奉使皇华之路，特地到桦甸夹皮沟金矿，了解吴大澂招安"韩边外"之事。

光绪六年（1880年）十月二十一日，吴大澂黎明出省城，密访韩边外。他改装易服，仅带勇目牟振邦、仆人张祥、车夫郭四前往。

二十四日，翻山越岭，到了桦甸夹皮沟。"韩边外出迎道左，遂至其家"，当地民众服韩边外公允，送"公明正直"四字匾挂其家中，吴大澂留宿3日，与其详唠挖金生意等情况，体谅有加，并晓以大义，宣播朝廷德意，有其既往，予以自新。"我不疑若，若乃疑我耶？"韩边外感激涕零，自动将"公明正直"匾撤下，换成吴大澂题写的"安分务农"匾。

吴大澂还劝韩边外进省城见吉林将军，"道旁观者如堵"，其后韩氏又助吴禄贞粉碎了日本"间岛"图谋。吴禄贞在《延吉边务报告》中有所载。

吉林机器局，光绪七年（1881年）由吴大澂创设于吉林城外松花江北岸，宋春鳌主持局

重立的铜柱及拓片

2024 年 10 月 17 日，为纪念民族英雄吴大澂收复国土的历史功绩，珲春市在吴大澂于光绪十二年（1886 年）所立铜柱台基遗址旁，严格按原铜柱等比例重新竖立铜柱。并在铜柱上刻下："为纪念民族英雄吴大澂收复国土的历史功绩，特重铸此铜柱，立于原址旁，不可移动。"

务，多有作为。光绪二十六年（1900 年）遭俄军抢劫，停产。

光绪十二年二月十五（1886 年 3 月 20 日），吴大澂书铜柱铭交宋春鳌代刻。这是一件大事。铜柱铭曰"疆域有表国有维，此柱可立不可移"，当时是在吉林城写的。

铭文前，有 42 字序文："光绪十二年四月，都察院左副都御史吴大澂、珲春副都统依克唐阿，奉命会勘中俄边界，既竣事，立此铜柱。"据《鸡林旧闻录》、《珲春史志》和《宁安县志》载，光绪二十六年（1900 年）沙俄入侵珲春时，将铜柱碎为两段，运至哈巴罗夫斯克（原为中国领土，时名伯力）博物馆。现铜柱台基保存完好。

关于"表"字，有的书中印成"志""封""奉"，均不是吴大澂本意。吴大澂在自作《勘界纪事诗》中写道："分流溯到松阿察，尺地争回豆满江。我欲题名铜柱表，问谁来遣五丁扛。""表"，指"铜柱表"，坚定不移。

关于铜柱，从吴元京先生给我的《苏州振新书社影印》拓片书中，有易顺鼎的文章，开篇即写："铜柱之制高丈二"，这与《长白丛书·皇华纪程》注中的"铜柱高约十二尺"，是一致的。

1924 年王世选、梅文昭编纂的《宁安县志》记载，铜柱高 4.15 米，宽 1.03 米。这个宽度，仅是半面铭文拓片的宽度，应是铜柱的半周长，那么铜柱的直径应该是 65.6 厘米。纯铜的比重是 8960 千克／立方米，此铜柱，应不是实心。如果是实心，其重量约为 12.7 吨。铜柱是在吉林机器局铸造的，这么重的铜柱，当时靠马车运输，运到珲春要过张广才岭，山高坡陡，肯定运不过去。所以，铜柱应是空心的。

吴大澂在吉林省城的另一件要事，是与曹廷杰见面，曹廷杰赠给吴大澂手拓《重建永宁寺记》碑文，有"重建永宁寺记""太监亦失哈"等字，很珍贵。

十六日辰刻启程，在机器局门东三里团山子渡江。这里，现在是铁路桥、公路桥并排由此通过。过江二十里至小茶棚，打尖。芷帆出东门车轴碰损，行至机器局换车，饭后始得渡江。候至夜深，掉队的韵松等均无消息。

十七日，吴大澂行至额赫穆站（今蛟河天岗），"过七道河、老爷岭、拉法站，宿"。十八日，过苦不了河。根据时距，苦不了河应为大富河，有翻身屯。然后至鄂勒河，现仍有鄂勒赫屯。过桦树林子至退抟站，现为前进乡，此为张广才岭登顶必经之路，路过前进古城。"又三十里至乌棘口刘家店，宿。"接韵松来信，知其昨日过岭天已黑，"下岭时车又触石而覆，四人徒步行泥淖中，觅一小店暂宿"。这一小店，"有人满之患，半夜不得眠，亦不得食，苦不胜言"。吴大澂作五古一章安慰他们。十九日，吴大澂行三十里，过张广才岭。此张广才岭，我们过三次才成功。

岭上有石头庙，据传，是道士张广才住过的地方。延边州与吉林市的界石在此附近。敦化一侧的"旗杆座"，立在山坡上，花岗岩材质。

附近有花岗岩柱础石一块。古驿道已被冲成大深沟，顶宽约八米，底宽约五米，深二至

三米。当年，吴大澂到此处时，"风大继之以雪。申刻，至额赫穆索罗站，宿"。《皇华纪程》书中的"额赫穆索罗站"，应为"额穆赫索罗站"。吴大澂途中得诗一首，中有"狂风似虎卷地来，吹冻顽云拨不开"。又赋《张广才岭》七古一章："我问当年张广才，何物区区，乃与山灵同不朽。"

在宁安三道岭，找到吴大澂两度刻石处。两次刻字为："光绪九年八月太常寺卿吴大澂过此驻马""十二年二月奉使勘界重过此山"。

此石已被运到宁安市内。徐景辉、赵哲夫先生赠我石刻拓片，将其印在旗标上。在刻石原地南约十米处，还有一块近方石，左下角似有字，已模糊不清。

又行十五里至石头甸子，在德林石路面上，仍遗留车辙印。在宁安市政协原主席关治平先生的引领下，我曾三次到此地调查、拍摄，照片首次发表在《中国国家地理》2023年第6期。

这条路不仅是清代的大驿路，更是唐代渤海国的朝贡道。北宋欧阳修、宋祁等人所著《新唐书》载："鸭渌，朝贡道也。"这条贡道的起点就是宁安。

张广才岭驿路及柱础、旗杆座

吴大澂"皇华纪程"必经之路。张广才岭在黑龙江省东南部，西南延伸至吉林省境。历史上曾为中国北方肃慎、靺鞨、契丹、女真建立的渤海国、金、辽、清等政权管辖，也曾为清朝长期封禁之地。

吴大澂在宁古塔，住在城外官参局旧行台。在寓所"登抱江楼题诗一律，兼呈峻峰都护"。今宁安有大澄（"大澂"之意）路，与古塔街相交。二月二十五，吴大澂由观音阁渡江而南去珲春。南行至干沟子，峻峰都护等为吴大澂送行至此。又经石头坑、下营子，宿六世同堂的孙立美家。赋诗二绝句赠之。"始知安乐乡侯贵，不慕千秋万世名。"吴大澂藏有汉印："安乐乡侯"，故写入诗中。这一段，一直走现在的201国道。经下马连河、上马连河、斗沟子。午饭后，过玛勒瑚哩、窝棘口徐家店，宿。吴大澂自己所记辛卯年所筑"望松窝"之地，曾题诗一律。文中的"辛卯"，均应为"辛巳"。二月二十七，吴大澂上岭到达现在的省界老松岭站、骆驼磊子萨奇库。二十八日至哈达密达、瑚珠岭新站，渡嘎呀河，二十九日至荒片打尖后，到五人班关清德家小憩。这个"五人班"，是我非要找到并详细调查之地。吴大澂曾两到五人班。第一次是光绪六年十一月二十八（1881年1月2日），从吉林市经宁安去珲春途中在五人班关清德家住一夜，为其题写"清乐乡"匾额。次年，关清德建成由吴大澂资助之屋。第二次，就是此次。屋建成，匾尚在。关清德现到嘎呀河钓两条细鳞鱼款待吴大澂。吴大澂甚兴，作七绝一首谢之：

> 羡君身似地行仙，五老来游此数椽。
> 钓取双鱼来饷客，寿如孤鹤不知年。

吴大澂经大坎子、且住庵、德通到凉水泉子。吴大澂上一次经此地时命人"构屋数椽"，曰"劝农所"，旧址有一栋房子尚在。龙虎村，在图们江边，这里是吴大澂"龙虎"石刻原址。经密江乡，到小盘岭，即吴大澂所记之蟠岭。过了302国道密江隧道，当是《皇华纪程》中所记"吴凤起窝棚"处。然后便进入珲春市。2018年10月19日晨，去"土"字牌。这是吴大澂将"土"字牌向东南移14里的位置，即沙草峰南十余里山麓尽处"吴冈（岗）"。"吴岗"之名，为巴拉诺夫所命。

"土"字牌，立于光绪十二年五月二十日（1886年6月21日）。当日，由吴大澂、伊克唐阿和俄使巴拉诺夫监立。"土"字牌，为什么不能叫"土"字碑？这是因为，吴大澂自己说："奉使赴珲春，会同俄官查勘边界牌博，换立石碑。"这里的"牌博"，是指同治元年（1861年）中俄勘分东界时所立的8个木制界牌，不是石碑。此次将木牌换立成石碑时，碑上仍然刻"土字牌"，未刻成"土字碑"。虽有书称"土"字碑，但不恰，仍应称"土"字牌。

离开"土"字牌，我们去西炮台。

在龙虎阁里，有"丹心寸土·吴大澂"主题展馆，吴大澂的"龙虎"石刻原石，也放在龙虎阁第一层门外。"龙虎"石刻之石为花岗岩质，高1.40米，宽1.38米。正面用双勾法镌刻钟鼎文"龙虎"二字，"龙"字临"邵钟"，"虎"字临"师西簋"。左下端阴刻楷书"吴大澂书"四字。"龙虎"，乃"龙骧虎视"或"龙蟠虎踞"之意，以寓守土戍边。

关于"龙虎"石刻的刻字时间，根据《吉林省志》和《珲春史志》所载，吴大澂"龙虎"石刻刻于光绪十二年五月二十日，即1886年6月21日。此日，吴大澂与依克唐阿、巴拉

吴大澂赠五人班关清德诗　吴元京书

诺夫监立"土"字牌，或有可能是安排随行刻工刻"龙虎"二字。"龙虎"石刻最初立于凉水河东孤山子东侧图们江左岸边。1941年修筑图珲公路时，被移至公路北侧山脚下。1986年5月重修图珲公路时，被移至珲春市区车大人沟河（今库克纳河）北岸河南桥东侧。1998年10月，被移至车大人沟河南侧的龙源公园。2013年4月，被移至防川景区"龙虎阁"一楼西门厅现址。

130多年过去，吴大澂"皇华纪程"之路，从无人全线走过。我和友人用了3年时间，自费从天津到珲春，按照吴大澂所经之路，140多处地点全部找到，全线考察，收获甚丰，文以纪之，颇感欣慰。因文章篇幅所限，不能尽表，谨此搁笔。

当此间，我想起一段名言："我们终于有机会面对神秘的过去，仿佛是进入梦一样的境界，一片需要我们去发掘、诠释、赞美和加以保护的活化石。"吴大澂走过的德林石路面上的车辙印是活化石，吴大澂的《皇华纪程》何尝不是活化石？

纪程永存，吴大澂不朽！

吴大澂收复国土纪念碑

2024年9月1日，为铭记英雄壮举，厚植家国情怀，激励广大干部群众兴边富民，稳边固边，在珲春市新立吴大澂收复国土纪念碑。

"间岛"往事

撰文/知 行 摄影/赵春江

延吉边务督办公署旧址，也被称为戍边楼，
当时由吴禄贞主持修建

日俄战争后，日本从俄国手中夺得了大量特权，虽然日本"大陆政策"的侵略铁蹄已经踏上了图们江以南的东亚大陆，但以伊藤博文为首的日本侵略者仍然欲壑难填，将贪婪的目光扫向了富饶的中国东北延边地区。苦于对长白山地区丰富的森林和矿产资源无从下手，日本侵略者决定围绕"间岛"大做文章……

"间岛"的由来

假江一带和延边地区自古以来就是中国的领土。据民国魏声和《鸡林旧闻录》载，"图们江自茂山以下，江滩延亘，以光霁峪前一片之滩地略大，华人名为假江，亦名江通，横里许，纵约数里，本连接左岸我界"，假江系图们江北、光霁峪前一处滩地，在今吉林省龙井市东开山屯镇北船口村图们江边。明朝时，这一地区便有了严密的军政管理，设有若干卫所。至清朝，这里作为清朝的发祥地，更是"封禁要地"。清同治八年（1869 年），朝鲜咸镜北道大闹灾荒，饿殍遍地，民不聊生，无以为生的朝鲜人只得越境开垦，以维持生计，寻得一条活路。随着越境开垦的朝鲜人数量不断增多，清朝地方官员不得不对此高度重视。光绪七年（1881 年），吴大澂、吉林将军铭安将此事上奏朝廷。朝廷下令要求查明垦民户籍，将其分归珲春、敦化县管辖。但朝鲜国王恳请清廷将垦民遣送回国，于是，在铭安的奏请下，清政府又以一年为限，同意朝鲜召回垦民，这也是朝鲜承认图们江北为中国领土的一个例证。

然而，朝鲜垦民并没有离开的打算，越垦之事一时也无法禁止。为解决垦民问题，光绪十一年（1885 年），清政府在局子街（今延吉市）设立越垦局，专门管理图们江沿岸长

700 余里、宽 40 余里的朝鲜人越境私垦地带。清政府收取租银，准其耕种，并对朝鲜人民与中国百姓一视同仁。光绪十三年（1887 年），中朝两国决定就接壤之地勘定国界。在此次勘界中，"间岛"被确认为中国领土，并立碑为界。民主革命家宋教仁先生在《间岛问题》一书中曾指出，"间岛"是由于朝鲜人越境开垦而诞生的。他们称垦种之地为"垦地""垦岛"，后转音为"间岛"。这便是"间岛"名称的由来。

光绪二十九年（1903 年），朝鲜越垦之民作乱。为平息事端，清政府与朝鲜交界官订立了 10 条草约，仍以图们江作为划分两国领土之界。就在同一年，"间岛"出现领土纠纷。当时，朝鲜官员李范允致函越垦局，妄称假江之地为"间岛"，乃"朝鲜国土"。清政府立即对此予以明确澄清，次年，两国边界官会订《中韩边界善后章程》。该章程的第 8 条明文规定，"古间岛即光霁峪假江地，向准钟城韩民租种，今仍循旧办理"。图们江自古便是天然国界，而"间岛"也一直都是中国的领土。中国对"间岛"拥有主权，这一点无可置疑。就连伊藤博文也在清光绪三十年（1904 年）所写的《日俄交涉破裂始末》一文中明确说过："图们江以北属清帝国领土之一部。"

侵略者的布局

光绪三十一年（1905 年），《朴次茅斯条约》像一把利刃斩断了俄国伸向朝鲜的触角，俄国承认了日本对朝鲜的特权。同年十月，日本强迫朝鲜签订《日韩保护条约》，将朝鲜牢牢握在手中，完成吞并。

次年春，伊藤博文被日本天皇任命为首任朝鲜统监，统管朝鲜的内政、外交，成为朝鲜实际上的"太上皇"。上任伊始，伊藤博文立

戍边楼旧影

即暴露出侵略者的面目。他唯恐吃不到中国东北腹地这块嘴边的肥肉，出尔反尔，推翻了自己两年前"图们江以北属清帝国领土之一部"的说法，将"间岛"问题提上议事日程，推动西园寺内阁拟定了"间岛督务厅编制、间岛宪兵队编制表"，随时准备入侵延边。

　　清光绪三十二年十二月到第二年六月（1907年1月至7月）间，日本陆续派出军警、特务300多人潜入延边一带侦察地形，刺探情报，为首者是时任日本驻朝鲜军司令部陆军中佐的斋藤季治郎。斋藤季治郎是日本帝国陆军大学的高才生，曾经担任过士官学校教官、参谋本部部员等职。在日俄战争期间，他是乃木希典的第三军的参谋，后来担任旅顺、安东等地的军政要职。斋藤是个"中国通"，汉语说得十分流利。伊藤博文对斋藤颇为赏识，委以要职，赋予其侵略"间岛"之重任。

　　斋藤季治郎与伊藤博文就"间岛"问题密商时，在地图上勾画了指甲大小的一块地方，告诉伊藤博文，这就是朝鲜人所说的"间岛"，应该由我们"保护"。伊藤博文却夺过笔，在地图上画了一个大圈，将我国吉林省的延吉、汪清、和龙，以及珲春等市县的大部分地区都勾入了"间岛"范围。在伊藤博文的策划下，斋藤季治郎带领一伙特务，伪装成商人和游客渡过图们江，进入我国境内的假江滩地、延吉市、老头沟、头道沟等处进行特务活动。另外，他还邀请日本法学博士筱日治策就"间岛"问题的历史及相关法律进行研究，企图从中找出纰漏，作为侵略中国的借口。

　　历经数月的细致侦察，斋藤季治郎满载而归，就"间岛"问题向伊藤博文提出建议：先设立统监府派出所，作为保护朝鲜人的官衙，位置应当建立在"间岛"的中心南岗以西、马鞍山南方的平地之中。斋藤季治郎别有用心地将"统监府派出所"建立在偏远且交通不便的地方，是为了让"统监府"有极大的权力，可在适当的情况下"有临机裁量之余地"。对于中国政府则暂时采用怀柔的方针，并随机应变，应当"以间岛系韩国领土为前提，而处理一切之事"。就"间岛"的开发问题，斋藤季治郎提出了具体的意见：开清津港，鼓励与敦贺或者舞鹤的直接航路；修筑通向会宁的铁路，且统一轨道规格为宽轨；在"统监府临时间岛派出所"和会宁之间架电线，设立街市；向"间岛"区域输入日本商品、输出谷物矿物，掠夺资源。他还提出了统监府派出所亦即"统监府临时间岛派出所"所应有的实际权限："（甲）由韩国政府委以一切统辖间岛假定区域内韩国人民之权；（乙）使对在该区域内之日本臣民有与理事厅相同之权能；（丙）当紧急事变之际，不得已时，得请求最近之帝国守备队出兵。"侵略图谋十分长远。

清光绪三十三年六月二十一日（1907年7月30日），日俄刚刚达成协定，伊藤博文便迫不及待地急电斋藤季治郎，命其进驻"间岛"。七月十五日（8月23日），斋藤季治郎出任"统监府临时间岛派出所"所长。伊藤博文在"间岛"问题上基本采纳了斋藤季治郎的建议，并颁布训令，声称"间岛"是朝鲜的领土；清政府的法令，朝鲜人没有必要服从，派出所也不会承认；清政府所征收的一切租税，是清政府对朝民的压迫，派出所都不予承认。在此期间，日本还不断派人在"间岛"地区骚扰滋事。

清政府的反应

日本挑起"间岛"问题后，清政府迅速做出反应，委派东三省总督徐世昌和吉林巡抚陈昭常负责应对。徐世昌决定派吴禄贞前往调查。

吴禄贞，字绥卿，湖北云梦人，光绪六年（1880年）生，其父为私塾先生。他幼承家学，颇好诗文。17岁考入湖北武备学堂，因表现优异，转年被派往日本陆军士官学校留学，主修骑兵，成为清政府官派留日的第一期士官生。在日期间，他受革命思想影响，加入了孙中山领导的兴中会。光绪二十八年（1902年），吴禄贞学成归国，由张之洞派往武昌武普通学堂任教习。吴禄贞暗中宣传革命思想，成为湖北倡导革命的先驱。光绪二十九年（1903年），清政府设立练兵处，广泛网罗军事人才，次年，吴禄贞被任命为练兵处马队监督。光绪三十二年（1906年），他奉命赴新疆伊犁考察新军，因开罪陕甘总督被免军职。徐世昌深知吴禄贞才学，决定起用他密往确查"间岛"问题。

肩负重任的吴禄贞，能否不辱使命？

跋山涉水

在吴禄贞奉令赴吉后，清政府即给东三省总督锡良发去谕旨，指出："日人在延吉添兵戕弁，种种情形，无非意图挑衅。现值磋议未定之际，不可使有所藉口。著锡良等严饬吴禄贞妥为应付，力求隐慎，毋得稍涉大意，以防叵测。"面对日本人步步紧逼的形势，身负重要使命的吴禄贞到达延吉后，立即展开了中朝边境的考察工作。

吴禄贞带领 2 名助手和 6 名测绘人员不畏艰辛，一路跋山涉水，从吉林省城（今吉林市）出发，经敦化县、延吉厅、珲春城等处，沿图们江抵达长白山，又从夹皮沟返回省城，73 天的考察里程竟长达 2600 余里。他们手中既没有前人留下的数据，也缺乏测量人员及设备，考察工作困难重重。但他们还是一一克服，勘察界碑、搜集材料、参考史籍，对延边地区的地形地势、山脉分布、江河源流做了详细的标注，最终以 1:500000 的比例绘制成了《延吉边务专图》。吴禄贞还查阅大量史料典籍，结合勘察结果，经过严密论证后写成了 10 余万字的《延吉边务报告》。在序言中，他写道："筹所以治边之策，以为必示人不可攻，而后人不攻；必示人以不可欺，而后人不欺。居今日，而求其所以不攻不欺之道，盖舍揭满韩界务之沿革，以释内外国人之疑惑，疆场之事，未由定也。因综其前日所得，复旁考列国之舆图，移译西人之记载，证以日韩之邦志，断以国史及诸名家之著录，荟萃成编，求其可以公之于世也。"拳拳爱国之心、慷慨救国之情溢于纸上。

《延吉边务报告》共分 8 章，详尽介绍了延吉地区的历史沿革，列举了中朝两国边界交涉始末，对日本所谓的"间岛"问题予以有力反驳。《报告》更一针见血地指出了日本蓄意制造纠纷、借以蚕食中国东北领土、欲将我国东北变为第二个朝鲜的险恶用心。这一《报告》成为"间岛"交涉时中方的另一利器，其内容

吴禄贞

也引起了爱国志士的广泛共鸣。《延吉边务报告》刊行于光绪三十四年（1908年），奉天学务公所印刷处印刷铅印版，同年被收入《东三省政略》一书中。次年，吉林边务研究学者匡熙民在他所撰的《延吉厅领土问题之解决》一书中指出，"夫领土之属我、属韩，《延吉边务调查》一书，言之綦详，无俟再赘"，对吴禄贞的《延吉边务报告》给予了充分的肯定。

针锋相对

为加强吉林地区的管理与军务建设，对抗日本侵略者，清光绪三十三年九月（1907年10月），清政府设立了延吉边务督办公署，任命陈昭常为督办吉林边务大臣，吴禄贞为帮办大臣。后来，陈昭常升为珲春副都统衔兼吉林省各军翼长，吴禄贞也随之被任命为协都统衔兼

会办吉林巡防营务处。此时的吴禄贞终于直接面对日方，站在了维护国家领土主权的第一线。

面对敌人，吴禄贞毫不畏缩，与日本"统监府临时间岛派出所"针锋相对，向所长斋藤季治郎提出强烈抗议。斋藤季治郎曾是吴禄贞在日本留学时的老师，为了维护民族利益，吴禄贞在主权问题上毫不退让。

斋藤季治郎狂傲至极，他视吴禄贞为后辈，又以军警做后盾，强词夺理、混淆是非、盛气凌人，尽显侵略者的无耻嘴脸。但吴禄贞也毫不示弱，据理力争。在光绪三十三年十月十二日（1907年11月17日）的交涉中，斋藤季治郎手里拿着一份中方告示，针对其中的"图们江北一带地方为我国家根本重地，边圉要冲"等句，提出"图们江北应否属清属韩，两国政府正在交涉"，要求清政府予以修改。图们江作为中朝两国的天然国界，在两国的历史及先前所绘地图上都有据可考。吴禄贞条理清晰地指出日本人说法的荒谬："日俄战争以前，贵国之满韩地图、地志及韩国之国图，亦皆以图们江为界，历历可考，数百年来从未更变。即清韩之屡次勘界，亦在图们江源一带，于此地向无异议。至今日之交涉，乃贵国无端生事，非国界真有不明也。"斋藤季治郎强词夺理，捏造事实，胡说："曩时非韩国不争此土，乃为贵国之权力所屈。今既起界务交涉，则不得自信太过，仍以更改为是。"

吴禄贞义正词严地反驳道："图们江北之地，国初以来，并无韩民，光绪年间，我朝廷因韩民生计窘迫，以优遇邻邦之心，乃允其越江耕种，纳我大租，何曾凌虐以权力？李范允等之作乱，我以兵力征服，乃为保护地方治安，又何得谓屈于权力？至此地之为我国疆土，贵国韩国亦皆信之，我何独不能自信也？"

斋藤季治郎见强硬手段起不了作用，随即放缓了口气，摆出一副师长的伪善面孔。他声称自己只是善意劝告，本意是希望双方和平相处，别无他图。但这些花言巧语无法迷惑一位深感国难当头的爱国官员，吴禄贞当即识破其图谋，表示深感其美意，但断不可能因为两人的私交而乱国家疆土。斋藤季治郎一时语塞，无言而退。领教了吴禄贞的威武不屈，斋藤季

治郎不无感慨地说："中国尚有人，如吴禄贞，不可欺也！"

不辱使命

伊藤博文见对华交涉未占上风，一计不成又生一计。光绪三十四年三月二十九日（1908年4月29日），伊藤博文向日本外务大臣林董转交了一份报告，借口"保护"朝鲜人，继续谋求"间岛"权益。这份报告来自"间岛派出所"，称三月十七日（4月17日），清朝官员在九等墟等处强迫朝鲜垦民剃发易服，倘若不从就驱逐，朝鲜垦民因此要求"间岛派出所"提供保护。对此说法，吴禄贞明确指出，清政府之所以与日本交涉，就是为了保护朝鲜垦民及维护本国领土主权，他以其敏锐的洞察力和犀利的言辞再次揭露了日本侵略者的诡计。

吴禄贞在与日本人交涉中有理有据，使清政府在谈判中一直处于有利地位。宣统元年七月二十日（1909年9月4日），日本终于裁撤了原设在"间岛"的日本机构，"中日两国就'东三省六案'签订条约，六案全告解决。即《图们江中韩界务条款》单订一约，其他五案共订一约"。在前后两任东三省总督徐世昌、锡良的支持下，吴禄贞努力保全了中国的主权，有力地回击了日本侵略者。

为国捐躯

延边问题解决后，继任的东三省总督锡良向清政府奏称，吴禄贞熟谙韬略，胆识俱优，恳恩仍令吴禄贞督办边务，专管延、珲全境军政防务事宜。同时，锡良也道出了他对边境安全的担心："现在延吉界务业已解决，日人原设宪兵分遣所亦经裁撤……惟臣等所至为筹边虑者，延吉全境南临朝鲜，东控海参崴，为吉林南部重要地域。日俄两国一旦有事，亦为形势之所必争。"锡良建议清廷趁此领土已定，迅速建立练军，拨专款建立防御体系，防范日俄觊觎延边地区，并恳请朝廷仍令吴禄贞督边建立练军。

宣统三年（1911年），革命党人举兵反清。武昌起义后，浩气凛然的吴禄贞前往石家庄，与山西革命军取得联系，计划联合北方新军直捣北平。不料，九月十七日（11月7日），尚未来得及行动的吴禄贞竟惨遭暗杀。一代英杰、"间岛"谈判的功臣就这样为国捐躯了。1912年，南京临时政府成立后，临时大总统孙中山赐恤吴禄贞为大将军，将其遗体安葬在石家庄，并亲书祭文，以示哀悼。

（原载于《共产党员》2016年第3期）

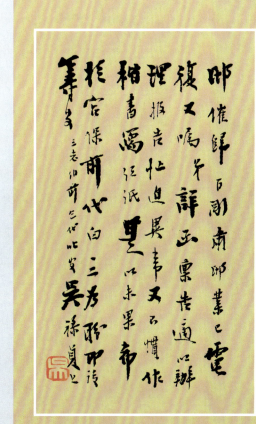

吴禄贞书法作品

百年"土"字牌：
清代中俄东段界牌的勘定

撰文 / 韩宾娜　摄影 / 张福有

补立和增设的界牌，使中俄东段边界清晰易辨

按照咸丰十年（1860年）《中俄北京条约》的规定，中俄东段边界的二十个界牌中，有"玛"字、"啦"字、"萨"字三块界牌，但吴大澂勘查发现，三块界牌并未竖立。经过反复交涉，双方于"拉"字界牌西南大树岗子俄境与宁古塔交界处添立了"玛"字界牌，于俄界蒙古街和珲春交界处添立了"啦"字界牌，于俄界阿济密和珲春交界处添立了"萨"字界牌。这是光绪十二年（1886年）吴大澂勘界时依条约添立的三块界牌。

除却前面提到的"玛"字、"啦"字、"萨"字三块添立的界牌外，吴大澂又重新补立了"倭"字、"那"字界牌。按照《中俄北京条约》规定，"倭"字界牌应立于瑚布图河口。但不知何时，界牌被俄国人西移二里，改立在了小孤山。吴大澂认为陆路边界，"专以界牌为重"，依界牌划分两国领域，而"瑚布图河口以南以河道为界，不以界牌为界"。"倭"字界牌立于河西岸本来就是错误的，考虑到事关领域，提议于山坡高处不致在涨水时淹没的地方重竖"倭"字界牌，以为标识。

"那"字界牌，按约应立于中俄交界的横山会处。吴大澂亲往查勘，披荆斩棘，终于在横山会处访得一木牌。因年代久远，木牌上多朽烂，仅存二尺余，并无文字。但以其位置判断，显然是"那"字界牌。于是，吴大澂令人于该处掘地数尺，用石填砌结实筑成台基，留牌孔，俟冬季，将石牌运抵该址，届时两国派员监立"那"字界牌。

中俄东段陆路边界线路甚长，"牌博中间，相去甚远，路径纷歧，山林丛杂，本未立牌之地，难免越界之人"，因此，吴大澂提议"酌择要地，多立封堆，挖沟为记"，以防止"疆界不清"，造成彼此争执。根据吴大澂的建议，从横山会处的"那"字牌起，至瑚布图河口，做一直线，"节节添设土墩，凡高冈阻隔处及往来大道均须立记号"。这种封堆记号，实为小界牌，其牌以汉文一、二、三、四等数字为小界牌名称，一共设立了二十六个。

上述小界牌，在实际竖立时，只有天文台用砖垒高，以坚石为基址，"其余记号皆用土砌成圆墩，周围掘沟，垫以石块，上立小石牌，刻一、二、三、四等字样"。在吴大澂与沙俄代表签署的《珲春东界约》文中，清楚完整地记录了二十六个小界牌的位置。这些小界牌的增设，使中俄东段的部分边界较之前清晰易辨，有利于边界交涉。

寸土不让　亲自监立"土"字界牌

"土"字界牌，是《中俄北京条约》中写明的一个界牌。对中俄东段陆路边界至为重要。据《中俄勘分东界约记》记载，"土"字界牌应在距图们江入海口二十里处的江东，"约记"载称："图们江左边距海不过二十里，立界牌一个，上写俄国土字头，并写上界牌汉文。"文中还证明了"土"字界牌的具体位置是两国交界图内陆上红线与图们江的交汇点，并说明："红色处与图们江会处及该江口，相距不过二十里。"

但"兴凯湖勘界"时，"土"字界牌由沙俄单方面竖立，其位置实立于距图们江口四十多里的右岸。而当年从乌苏里江口到图们江口设立的木质界牌大多毁失，不见踪迹。"其末处'土'字界牌最关紧要"，却"不知何年毁失，遍询土人，无从查究"。当中俄"岩杵河勘界会议"开始时，吴大澂首先提出"土"字界牌的问题，指出"应照条约（指《中俄北京条约》，编者注）记文，由海口量准中国里二十里，即在江边补立土字牌，方可与条约相符"。沙俄代表却辩解说：海水倒灌之地为"海河"，除却海河二十里，才算是图们江口。也就是说由海水倒灌二十里处再上溯二十里，才是"土"字牌的立牌位置。这显然是为俄方擅将"土"字界牌立在距江口四十五里处寻找借口。吴大澂当即指出："海口即江口"，"若论海水所灌，潮来时海水进口不止二十里，潮退时江水出口亦不止二十里"。所谓江口，应该在海滩尽处，"仍须照约由海口量准二十里方为妥洽"。见海口、江口之分说站不住脚，沙俄代表又提出条约中的二十里系指俄里，即中国的四十五里多。这更属沙俄的狡辩。当年，"中俄兴凯湖

会议"时，由沙俄与清政府签署的《乌苏里江至海交界记文》中，记载"土"字界牌位置时已说明："土"字牌设在图们江左岸，距图们江口二十华里的地方。这份有俄国人签字的记文中明确地使用了中国"华里"的字样，有力地驳斥了沙俄代表的狡辩。

因此，吴大澂据理反驳，指出条文中之"里"系指华里，"中国二十里即俄国十里"。经吴大澂力辩，沙俄同意改立界牌。立牌时，因母约规定的位置沙土浮松，无法竖立，而改在沙草峰南麓尽处沿江高坡，不致为江水冲塌的地方。其具体位置，按中俄《珲春东界约》记载："土"字牌以南顺图们江至海口，俄里十五里，计中国里三十里，径直至海口，俄里十三里半，计中国里二十七里。立牌时，吴大澂亲临监立，新牌改为石质，高七尺余，宽一尺五寸，厚六寸，埋地二尺三寸，用坚石构筑地基，外掘深沟，填以碎石，灌以灰浆，以期经久。

赢得图们江口出海权

确认"乌"字界牌及其位置，意义不仅在于证明中俄东段边界南端终点，而且关系到中俄双方的图们江出海口问题。

中国本是日本海的沿岸国，由于《中俄北京条约》的订立，中国丧失了这一地位。但是该不平等条约仍然承认了中俄东段边界南端至图们江口，所以，吴大澂与沙俄代表在勘界谈判时理所当然地提出图们江口"应作为中俄两国公共海口"的要求。既然"乌"字界牌应在图们江口，中俄边界线就应由陆上的"土"字牌延伸到图们江口的"乌"字牌，中国也就起码应享有进出海口的权利。

吴大澂义正词严，言之有据，沙俄代表措手不及，不得不以请示为名拖延数月。此间，吴大澂多次致电李鸿章，请示处置意见。李鸿章在复电中提及："图们江口之争，由于记文不明，'乌'字牌未立之故。盖图内红线专为陆路界限，其由江出口，以水为界，无须红线。"由江出海，以水为界，边界是再清楚不过的。所以，吴大澂对沙俄代表提出，"图们江土字界牌以南至海口三十里，虽属俄国辖境，惟江东为俄界，江西为朝鲜界。江水正流，全在中国境内"，明确了中国对图们江面的领水权益。

▌中俄界碑

中俄边界东段的"那"字牌、"啦"字牌、"萨"字牌界碑。

▌ "土"字牌位置示意图

清光绪十二年（1886年），中俄重勘珲春东部边界时，清朝大臣吴大澂与沙俄据理力争，将"土"字牌移至现址，并争回中国从图们江的出海权。"土"字牌作为中华民族荣辱兴衰史的见证，既见证了近代中国忍受沙俄侵略的屈辱，又见证了中华民族顽强抵御外来侵略、压迫的民族精神。

吴大澂对出海口问题，抱定了"必力争"的信念，坚持不懈地交涉，终于迫使沙俄允许中国船只自由出入图们江口。在双方签订的《珲春东界约》第四条中记载："由土字界牌至图们江口三十里与朝鲜连界江之江面海口，中国有船只出入，应与俄国商议，不得拦阻。巴大臣（巴拉诺夫，编者注）已将此条函商俄京总理衙门，俟有复音，再行补书于记文之后。"当年十月十二日，俄国地方当局向珲春副都统递交了《俄国关于中国船只出入图们江口事的照会》，内载"饬令本属各官，如有中国船只由图们江口出入者，并不可拦阻等因"。作为中俄《珲春东界约》的附件，这一照会被存入外交档案，中国争回了由图们江自由出入日本海的权益。

此后，中国船只曾长期由图们江口出海，从事海上捕鱼、运输和海上贸易。据珲春史料记载：当年县城有码头和海运公司，1929年停靠珲春码头的船只达1500余艘，1931年达1383艘。这些船只北抵符拉迪沃斯托克，南达上海，并横穿日本海，向东往来于日本沿岸各港口，直至1938年爆发"张鼓峰事件"。日军在图们江下游的防川附近立桩堵江，封锁了航道，才中断了上述各类出海活动，但中国应有的出海权益是不容抹杀的。

清政府的腐败和官僚政客的昏愦，致使中国东部领土一再为沙俄蚕食鲸吞，但百多年前，仍不乏有识之士为民族的利益而奔波奋争。从上面所谈的"玛"字、"土"字、"萨"字、"啦"字等界牌的补立改置，可以清楚地看到这一点。正是吴大澂的努力，才使中国争回了应属于自己的领土和权益，也使中俄东段边界更为清晰准确。时至今日，对我们的国防建设和经济建设都有着不可估量的意义。而吴大澂的贡献也以其利在当时，功在千秋，永远地载入了史册。

（原载于《吉林师范学院学报》1994年第4期，收录时已作修改）

守·望

山河在望——吴大澂系列组画之监立"土"字牌

（油画）王晓明　张伟时　400cm×200cm

金秋时节，走在 1437 公里的国道 G331 吉林段上，感受"醉美"边疆的神秘与精彩。一侧江流宛转，一面苍山翠壁。在集安体验塞外江南风光，踏寻古国的遗迹；到临江呼吸一口"长寿乡"的空气，这座"红色之城"也是东北解放战争发起地。美丽的长白山更是吉林的风光名片，到这里问源"三水"，寻脉长白。海兰江、金达莱，沿途的江水冲波，稻菽千重……珲春是这条公路吉林段终点，更是起点。在这里"一眼望三国"，讲吴大澂的故事。繁荣的边贸、旅游使这里更有生机活力和异域风情。在这里品尝海鲜"饕餮大餐"，少不了"帝王蟹"。要知道中国人餐桌上每 5 只帝王蟹就有 4 只来自珲春。这辈子一定要走一次 G331，体验我们边疆的富、美、稳、固。站在百年"土"字牌前，望一江憾水东流，"江流宛转绕芳甸"，这里也是吉林的希望和梦想的蓝海。

肆

逐梦边疆

珲春:

吉林蓝海梦的唯一希望

撰文/许伟明 郭晓红 摄影/王 宁 等

在吉林省最东部,有一座与俄、朝两国交界的边城——珲春。不同的民族和文化在此交融,给这里带来了别样的繁荣。而珲春更大的优势则在于,借助图们江可以成为吉林进入日本海的唯一门户!借港出海、陆海联运、跨国高铁……珲春正在使出浑身解数寻求进入蓝海之路,一旦这个东北亚大陆通往海洋的核心窗口被彻底打开,吉林的未来将更加充满希望。

充满活力与希望的珲春,
正带动吉林进入全球经济的新时代

珲春位于吉林省最东端,在陆上与朝、俄两国相邻。通过铁路,以珲春为关键节点,可以构建从俄罗斯符拉迪沃斯托克(海参崴)出发,连接长吉图高铁,从阿尔山口岸出境的"新亚欧大陆桥"。如果把目光投向海洋,珲春又可成为连接中、俄、日、韩、朝五国的海上交通枢纽(见地图)。只是长期以来,由于中国在图们江的出海权未能正常行使,珲春的枢纽作用得不到发挥。而现在,通过"借港出海",珲春依托俄罗斯扎鲁比诺港和朝鲜罗津港,已迈出了通往大海的第一步。

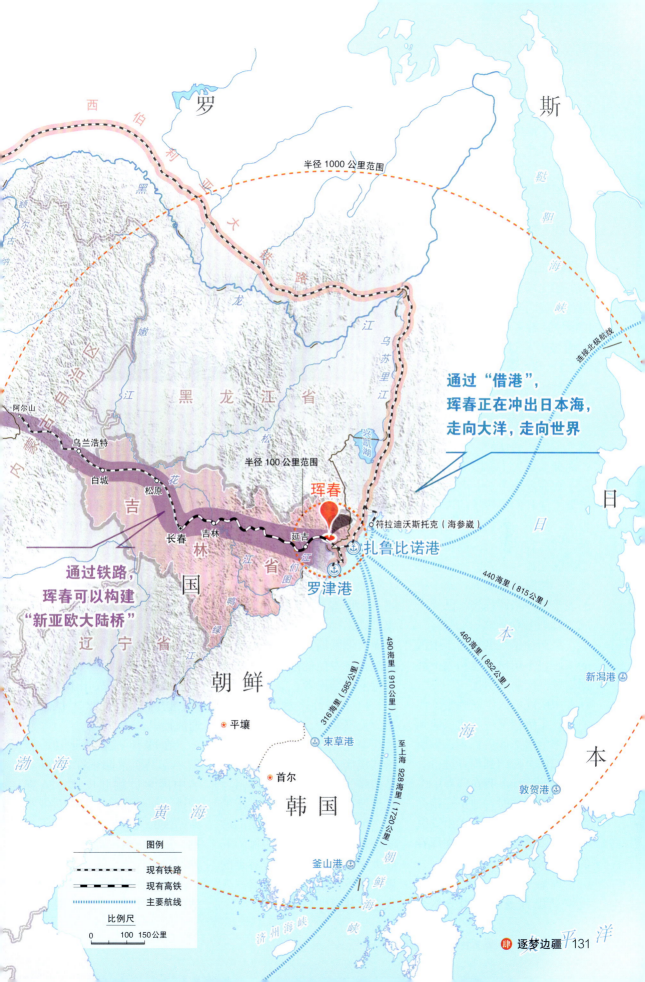

西伯利亚

罗

斯

黑
龙
江

乌
苏
里
江

半径 1000 公里范围

连接北极航线

通过"借港"，
珲春正在冲出日本海，
走向大洋，走向世界

内蒙古自治区

阿尔山

乌兰浩特

黑 龙 江 省

松
花
江

半径 100 公里范围

兴凯湖

珲春

符拉迪沃斯托克（海参崴）

白城

松原

吉 林

长春

吉林

延吉

扎鲁比诺港

通过铁路，
珲春可以构建
"新亚欧大陆桥"

林 省

图
们
江

罗津港

辽 宁 省

鸭
绿
江

朝 鲜

440 海里（815 公里）

平壤

490 海里（910 公里）

460 海里（852 公里）

日

渤 海

316 海里（585 公里）

至上海 928 海里（1720 公里）

束草港

新潟港

本

首尔

韩 国

敦贺港

海

黄 海

釜山港

朝
鲜
海
峡

日

本

图例

──── 现有铁路

━━━━ 现有高铁

┈┈┈ 主要航线

比例尺

0   100 150公里

济州海峡

太
平
洋

跨国看中医

在中俄珲春口岸，大量俄罗斯车辆和人群正在分别排队入关。一群已过关的俄罗斯少年在边检大厅合影，背后 LED 屏幕上显示着"中国欢迎您"的字样。他们来自俄罗斯的一所学校，据称此行他们将前往延吉参加跆拳道比赛。

相比周边的俄罗斯城市，珲春可热闹多了，每年来珲春的俄罗斯游客超过 30 万人次，平均每天超过 1000 人次。每年元旦，有大量俄罗斯人在珲春过新年，每天入境的俄罗斯人超过 3000 名。

俄罗斯人来珲春，除了旅游、工作、居住外，还有相当一部分人是为了就医。

在商业街上，一名俄罗斯老太太向我们展示她的珲春行程单，其中一张表格清楚地显示，在珲春的 9 天内她将在某家医院完成一系列治疗，包括推拿、按摩、针灸等。她手中的表格像一张课程表，已经完成的就画上对号。

果斯佳是一名来往于中俄的旅游包车司机，他和妻子都深受颈椎疾病的困扰。有一次，珲春中医院的医生安胜坐了他的车，了解情况后就建议他到珲春来治治。此后每年，果斯佳夫妇都会专门到珲春进行一个疗程的治疗。我在珲春中医院看到果斯佳时，他正在接受颈椎牵引，他的妻子正由安医生推拿。这一回，他们在珲春的疗程将持续 5 天。

珲春中医院每年接待的俄罗斯患者多达 2000 人次，

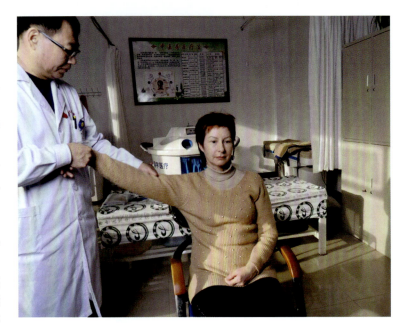

推拿科有时一天就要接待十多名俄罗斯人。珲春中医院从 2008 年就推出了针对俄罗斯人的医疗服务，但在珲春接待俄罗斯人的医院远不止这一家。一开始，我对珲春街面上不断出现的医院招牌感到好奇，一个常住人口约 25 万人的县级市需要这么多医院吗——珲春共有医疗机构 230 家。后来得知，原来很多医院是面向俄罗斯人的，多数医院都配备有专门的俄语翻译，来接待俄罗斯患者。

位于高纬度地区的俄罗斯，天气寒冷，风湿、骨病等发病率比较高，中医疗法对于这些疾病有独到的效果，特别是按摩、针灸、推拿等项目，在俄罗斯滨海边疆区有一定的知名度，当地很多旅游团的旅游项目就是到珲春看中医。安胜大夫说，除了距离珲春近的俄罗斯滨海边疆区，还有些人大老远从莫斯科赶来。

除此之外，很多人来到珲春的就医项目还有看牙科、整形等。我走访了几家珲春民营医院，都遇到了正在接受治疗的俄罗斯人，从妙龄女郎到上了年纪的人士，他们在不同的医疗服务项目中各取所需。

俄罗斯人在珲春

克里斯蒂娜领着学员一起将腰身快速晃动，腰链上的金属片高速颤动，发出不绝的响声，仿佛山坡上的红杜鹃正在迎风摇曳。

在珲春一家健身俱乐部里，克里斯蒂娜正在教 20 多名中国学员跳肚皮舞。26 岁的她，相貌满足了人们对俄罗斯姑娘的大部分想象：个子高挑，皮肤白皙，高鼻碧眼，眼神深邃迷人。

这是克里斯蒂娜在中国生活的第六年了。之前，她先在

在珲春口岸，遇见来来往往的俄罗斯人

中俄珲春口岸是国家一类口岸，也是吉林省唯一对俄开放的陆路口岸。俄罗斯游客来珲春多以购物、就医、休闲等为目的，来珲春时往往一身轻便，回国时则每每满载而归。上图中的俄罗斯少年，来自俄罗斯一所学校，正准备前往延吉参加一场跆拳道比赛。摄影 / 许先行

克里斯蒂娜

白天是报社编辑 晚上是肚皮舞教练

克里斯蒂娜工作之余在一家健身俱乐部兼职做肚皮舞教练，每周一、周五下午给学员上课，有时她还会到延吉、长春等地参加商业演出。

延边大学读中文，毕业后在延吉工作1年后来到珲春。长期的中国生活，让她能说一口颇流利的汉语，她习惯用微信与朋友联络，并常在朋友圈里更新动态。

克里斯蒂娜的正式工作是珲春《图们江报》的俄文版编辑，这份报纸同时发行中文版、俄文版、朝文版。在认识她的次日，我们来到图们江报社，一身玫红套装的克里斯蒂娜正对着电脑打字，那种白领的文静模样倒是很难和肚皮舞舞者联系起来。

在珲春25万常住居民中，安了家的俄罗斯人有400多户。而且早在2013年，在此买房的俄罗斯人就有76户了。为了便于俄罗斯人买房，珲春还曾出台简化手续的政策：长期居住满1年、有工作单位能开工作证明、签订购房声明书，满足上述3个条件之一便可。

一些俄罗斯人还与珲春人组建了跨国家庭，玛琳娜就是其中一例。她已经在珲春工作5年，其间认识了从事外贸行业的珲春人王海并嫁给了他。玛琳娜是珲春国际人才服务联络中心引进的外籍人才，负责解决俄罗斯人在珲春期间遇到的难题，主要是些小问题，"比如就业咨询、消费投诉，或者办手机卡、办银行卡、缴电费水费等小事，还有一些俄罗斯人在珲春买房子、开公司，也来找我们帮忙办理手续"。

我问王海，娶一个俄罗斯媳妇的感受如何，他眯眼笑称："全都一样！"不过，两国的不同文化在这个小家庭里也需融合，玛琳娜既要融入中国的生活，也保留着俄式的生活习惯。王海开玩笑说："我最不能忍受的是，她逼我喝一种介于咖啡和茶之间的饮料。"他的母亲点开手机展示孙子的照片，那是个长着乖巧帅气小脸的混血男孩，目前正在符拉迪沃斯托克的外婆家里。

一江相隔的朝鲜

珲春，多种语言、多种文化在此地交融。在珲春的外国人，除了常见的俄罗斯人外，还有来自朝鲜、韩国、日本等国的人。

几年前有一次，我在一家企业里遇到几

从业务往来的客户到幸福相伴的夫妻

王海是土生土长的珲春人，1988年出生的他凭借着自身的勤奋努力，先后学习日语、俄语，从翻译、导游做起，现在成了一名成功的外贸商人。玛琳娜的故乡在俄罗斯符拉迪沃斯托克附近，她是俄罗斯远东大学的经济学硕士，家里经营着一家船舶企业。最初相识时，王海是中方对俄贸易的联络人员，玛琳娜是从俄罗斯来的采购钢材的客户，因为工作两人结缘，在后续的交往中互相吸引、彼此相爱，并于2014年举行了盛大的婚礼，其后一起定居在珲春。2017年年初，他们在珲春新建的最高住宅楼顶层买了一套新房，正准备搬入。

名工人，他们一言不发，只是默默工作。后来才得知，他们是来自朝鲜的工人。由于一些特殊的原因，我没有办法和他们交流。当地人对这些朝鲜工人早就见怪不怪，还流传着很多关于他们的说法。

珲春的中朝边境线长130.5公里，主要分界线是图们江。透过图们江边拦起的铁丝网往南看过去，对岸就是朝鲜，被大雪冰封的静寂山脚下偶尔有货车开过。

朝鲜也曾是珲春边贸中的重要角色，中朝圈河口岸对面就是朝鲜罗先（罗津—先锋）特别市，罗先有点类似改革开放初期的深圳，是朝鲜开放的一个窗口，在1991年被宣布成为朝鲜的第一个自由经济贸易区。旅行社的工作人员告诉我，中国人去罗先旅游还是很便利的，不过要提前几天办理通行证，为过关时严密检查做好准备，此外就是过去后不要拍照。但如果想要在罗先做生意，最好在当地有投资，并且能处理好"一系列关系"。

一天晚上，在珲春一家火锅店里，店员端上来一盘深海大虾，几乎每只虾都色泽晶莹、个头惊人。它们在容器里乱动，一不小心就从盘子里跳将出来。本地老饕强烈建议直接剥壳生吃，像食三文鱼一般蘸点酱油芥末下肚，方能品味到来自海洋的鲜甜。

珲春的目标：东北亚海产品的重要加工集散地

与珲春毗邻的俄罗斯远东地区和朝鲜都以海产品种类丰富、无污染、味道佳而著称。珲春自2012年开始大力发展海产品加工业，鱼、虾、蟹、贝四大种类100余个品种的海产品在这里荟萃，经过加工后再出口到欧美日韩等地。

这些大虾便是来自朝鲜。珲春进口的海产品中，大部分来自俄罗斯，也有一部分来自朝鲜。中朝海鲜贸易的规模不算大，只是商人来往次数比较多，每次带一些海鲜过境。

张学柏的名片上写着"俄、朝海鲜品批发

零售（全球配送）"。他做海产品贸易10多年了，既有俄罗斯的，也有朝鲜的。他雇用了几名中国工人长期住在朝鲜罗先，通过有合作关系的朝鲜会社组织货源，再由汽车经由圈河口岸将海产品运回珲春。在珲春进行分装后，又通过铁路、公路、航空等多种形式运往北上广等大城市，有些海产品则运往大连、天津等港口城市，再转运出口。

走出去的珲春人

海参崴、海参崴……

我在珲春不断地听到这个名字，人们提起它就像提起一个熟知的城市。事实也的确如此，在漫长的历史时期里，海参崴都曾属于吉林，清初海参崴属吉林将军管辖，珲春人一直有"跑崴子"的传统。

"崴"是满语，本意是指山、水弯曲的地方，"海参崴"就是盛产优质海参的海湾。从东北各地乃至关内出发的人，汇聚到珲春，再前往符拉迪沃斯托克（海参崴）捕捞、垦殖、经商、贩运等，并把该地的食盐、海参、大马哈鱼等海产品带回，这便是"跑崴子"的大致情形。这段历史可追溯至唐代渤海国时期，1938年"张鼓峰事件"后，"跑崴子"的历史告终。

今天，珲春和俄罗斯的边境贸易，在规模、领域、深度上，都超过以往，新的"跑崴子"早

来珲春过新年的俄罗斯人，欢歌盛宴跨年狂欢

每年元旦前夕，都有大量俄罗斯人来到珲春，准备在这里跨年，珲春各大宾馆酒店纷纷爆满。上图为珲春一家酒店的大礼堂，里面人声鼎沸、热闹非凡，上百张桌子座无虚席。当天这里还举行了"迎新晚宴"，中俄两国的宾客纷纷登台表演，为晚宴助兴。
摄影／张琰

已兴起。中俄贸易正发展得火热，大量的俄罗斯食品、海产品、木材等通过中俄口岸进入珲春，并推动了珲春海产品加工业、木制品加工业的发展。

玛琳娜的丈夫王海在卢布没有大幅贬值时向俄罗斯出口中国货，卢布贬值后转而进口俄货，边贸商人对价差变动的这种敏感，和"跑崴子"的祖辈何其相似。

另一名中俄贸易商袁长忠，他每年中的一半时间在珲春度过，另一半时间则在符拉迪沃斯托克度过。他在符拉迪沃斯托克注册了一家公司，雇请了5名俄罗斯员工，负责在俄罗斯组货，并发货到中国。

珲春到大海，这么近、那么远

防川村，珲春市"一眼望三国"的地方。我从珲春城区出发，向东南方向走，来到作为中朝界河的图们江畔，在形似雄鸡的中国陆地版图中，这一段狭长土地相当于"鸡嘴"，无路前行时防川村就到了。

防川是中国、俄罗斯和朝鲜的三国交界处。过了防川之后，图们江成了朝、俄界河，江北的广阔土地属于俄罗斯，上面匍匐着一座规整的俄式小镇。图们江则不管国界的划分，依然东去，最终汇入日本海。站在塔楼，大海举目在望，像一条蓝色

袁长忠

从摆地摊起步到年贸易额过亿

袁长忠在2001年远赴莫斯科，从莫斯科"大市场"的中国批发商那里批发服装，从摆地摊起步，挣到了第一桶金。2005年他回到珲春，并将重心放在从符拉迪沃斯托克进口海产品上，现在他的海产品生意年贸易额过亿。

的细带，在陆地与天空中间闪着微光。防川距离图们江入海口仅15公里。

翻开中国地图看，这10多公里的距离并不远，几乎难以标清，但它却无法逾越，造成了整个东北与日本海的隔绝。珲春之内离日本海最近处是敬信镇六道泡子村，离海不过二三公里。海洋就在眼前，但吉林省却成了内陆省份。

我想起在克里斯蒂娜的微信朋友圈上见到的一个小视频，她的一群朋友穿着比基尼冲进大海冬泳，欢乐的尖叫和冬天的呼呼海风混在一起。那种场景令人感叹和羡慕，对于这些来自俄罗斯滨海边疆区的人而言，大海就是故乡。

珲春对外贸易增速全省第一，对外贸易额位居全省第二

借助地缘优势，最近几年珲春在外贸方面表现非常突出。对俄贸易是珲春外贸的重头戏，出口商品主要有服装、鞋帽、毛革制品等，进口商品有木制品、海产品、煤炭等。左上图为珲春进出口加工区仓库里堆积如山的板材，左下图为经火车运送而来的煤炭。右页图为珲春口岸出入境的货车。据统计，珲春市2024年上半年进出口商品总额为97.49亿元。摄影／许先行

珲春是中国东北全球化努力与东北亚政经竞合的风向标

马涛

哈尔滨工业大学教授
空间规划与城市治理
研究所所长

珲春是中俄朝边境上图们江入海前的天然临港小城,其独特的地理位置随着近年来交通运输体系的完善,不断放大着珲春带动吉林,乃至中国东北通过边贸口岸进入全球经济体系的想象空间。时至今日,东北老工业基地振兴进入攻坚阶段,作为少有的具备国际运输通道条件的口岸,国家一直期望珲春承担起更多面向东北亚开放门户的功能:1992年珲春被批准为国家级开放城市,2009年被确定为"长吉图开发开放先导区'窗口'城市",2012年又设立"中国图们江区域(珲春)国际合作示范区"。"内外联通,区域合作"的"开放型经济"成为珲春的发展主旨。

如果仅从作为中国东北国际贸易口岸这一功能来说,珲春无疑具有不可限量的空间拓展潜力和战略清晰的国际商埠发展路径。但东北亚从来都是全球政治力量、经济分工、军事实力和文化认知的主要交汇区之一,珲春国际化成长的上限无疑要受此影响。东北亚区域秩序在历史的年轮中,政治、经济、军事与文化的主导权很少集中在某一个核心主导力量上,使得包括珲春在内的东北地区的东北亚国际合作内含极大的脆弱性、不确定性,甚至冲突性。对此,我们应该有清醒的认识。

与其说珲春是吉林省外贸的前出口岸,承担着中国东北全球化的努力,莫不如说它是中国经济试图构建东北亚秩序体系的东北缩影。对将近25万珲春人来说,把自己的生产与生活牢固且稳定地融入周边"邻居"的生活圈里,用中、俄、朝、韩、日乃至更多周边居民对未来生活的美好向往来面对大国政商的竞合,可能更合适。毕竟文化与向往,可能要比政治与经济跨越的周期更长。或许,这是珲春未来发展空间的另一个独特边界。

珲春沿边近海，地理位置优越，沿图们江到日本海只有15公里，直线距离不到10公里。让我们再翻开地图，以珲春城区为圆心，以100公里为半径画一个圈，我们会发现俄罗斯的扎鲁比诺港、波谢特港和朝鲜的罗津港众多天然不冻港都在这个圈中。

波谢特港，距珲春42公里，是一座天然避风港和不冻港，现有3个泊位，可停靠万吨货轮，年吞吐能力150万吨；

扎鲁比诺港，距珲春63公里，现有4个泊位，可停靠万吨级轮船，年吞吐能力120万吨，港口铁路可直达珲春铁路口岸；

符拉迪沃斯托克港，距珲春160公里，是一座天然避风港，可停靠万吨以上货轮，年吞吐能力1000万吨以上；

罗津港，距珲春48公里，是一座天然的避风港、深水港和不冻港，现有3个码头，包括13个泊位，年吞吐能力300万吨左右。

从这几个港口出发至中国南方，虽然会增加海运成本，但相比削减下来的陆运成本，那就实惠太多了。而如果是前往日本海周边的日本、韩国、朝鲜，优势就更明显了。

立足于这样的资源禀赋和历史传承，珲春把"向海而兴"的愿景深深刻印在发展进程中。多年来，吉林省通过与国外港口的深度合作，打通了出海的新通道。

借港出海，珲春再续出海梦

在珲春进出口加工区里，某公司的厂区空地上码起了高高的板材。工人们正整理新卸下来的板材，空气中满是新锯木头的清新气味。

这些木材都来自俄罗斯。俄罗斯森林资源丰富，尤其是在西伯利亚和远东地区的桦木、

刘容子

国家海洋局
海洋发展战略研究所
海洋经济与科技研究室
主任 研究员

珲春借港出海
重启地区海洋
经济时代

珲春"借港出海"航运线路示意图

在漫长的历史长河里，吉林一直是沿海大省。只是到近代，由于种种原因，吉林与大海被一步步隔离，最终中国人被俄朝跨图们江入海口附近的大桥锁在离海边十几公里内，望海难出海了。

近三十年来，沿海地区引领中国走向开放与繁荣，海洋经济成为外向经济的领头羊。海洋经济对全国经济特别是对沿海地区经济的贡献逐年上升。2023年，全国海洋生产总值9.9万亿，比上年增长6.0%，占国内生产总值比重为7.9%；今年上半年，海洋生产总值已经达到4.9万亿，同比增长5.6%。同时，中国的海洋经济发展引领了世界范围的"蓝色经济"，21世纪海上丝绸之路建设正在牵引、带动着沿路国家和地区的海洋经济发展。可以说对海洋经济，再怎样重视也不为过。

如今，吉林省也渴望在发展海洋经济上获得突破。珲春借港出海，重新开启了吉林省走向沿海省的新时代，而且获得了明显成效。东出日本海、走向大洋、走向世界，以海洋经济的生命活力带动地区经济的腾飞，珲春是吉林未来发展的希望所在。我相信，珲春人勇做东北地区的闯海人，在国家"一带一路"倡议框架下，以地区和谐发展为愿景，正在走出一条以海强市、人海和谐、合作共赢、和平发展海洋经济的发展道路。

松木等林木资源特别丰富。目前，木材加工业已经成为珲春的主打产业之一。

2000年，吉林省第一条海运航线、连接中俄韩三国的珲春—扎鲁比诺—束草航线正式通航，全程361海里，这是中国东北地区、俄罗斯远东地区和韩国东海岸之间距离最短的航线，吉林"借港出海"梦想得以实现。这条航线稳定运营了10年，运送旅客近6万人次。

2015年，经朝鲜罗津港—上海—宁波航线正式开通，吉林省的物资漂洋过海直抵南方，2016年往返上海12个航次。

2018年9月，吉林省东北亚海丝路国际海运有限公司货船"海丝路1号"从俄罗斯扎鲁比诺港出发，载着8900吨的货物运往宁波舟山港，标志着中国珲春经俄罗斯扎鲁比诺港的内贸外运航线成功首航。

近年来，以珲春为起点，多条中、俄、韩、日跨国陆海联运以及内贸货物跨境运输海上航线相继开通，实现了吉林人"借港出海"的历史夙愿，珲春成为联通世界各国的"黄金通道"。

每一天都有大量的俄罗斯木材来到珲春，再以原料或木制品的形式离开。但如同前文所说，无论是走铁路、高速公路还是到大连港出海，在成本上都不划算，最划算的还是就近通过俄罗斯、朝鲜的港口实现"借港出海"。

"借港出海"不但要连通中国南方口岸，更要连通国际港口，打通国际航线。如果说罗津港是吉林跨境内贸的港口支撑，俄罗斯的扎鲁比诺港则更多承载了吉林人流、物流走向国际的寄托。

扎鲁比诺听起来陌生，但这个港口距离珲春实在很近，距中俄边境只有18公里，距珲春口岸71公里，还有珲马（中国珲春口岸—俄罗斯马哈林诺口岸）铁路、公路将其与珲春相连。借助扎鲁比诺港，珲春目前已有两条国际航线，终点分别是韩国的釜山、束草。其中，釜山航线在2015年5月开航，但也是几番通航和停航。

2023年5月，中俄合作达成符拉迪沃斯托克港成为国内货物运输的中转港，形成内贸货物跨境运输中转口岸，使吉林货物不用长途千里到大连运至国内外，使吉林借港出海有了新路径，也给吉林经济发展带来了新的契机。

唐代，吉林省延边州一带属渤海国。渤海国为唐附属国，范围包括今天中国东北地区东部、朝鲜半岛北部以及俄罗斯远东地区的一部分，唐贞元元年（785年），渤海国将国都从上京龙泉府（今黑龙江宁安）迁到离海更近的珲春，在八连城新建都城，当时叫"东京龙原府"，并打通了日本海的航线，也就是史称"日本道"的"海上丝绸之路"。史书记载，渤海国和日本两国的船队先后往来多达50余次。彼时，珲春是东北亚大陆通往海洋的核心窗口。

1000多年后的今天，我国提出"一带一路"倡议，吉林为重点涉及的18个省区之一。珲春能否有机会恢复渤海国时期的荣光，成为当今中国与东北亚各国经贸交往的战略枢纽和平台呢？

从"最后一站"，变成国际高铁的中转站

在拜访玛琳娜、王海新家的那天，我来到他们家的阳台上，望着不远处的珲春高铁站，一辆高铁列车正从车站安静平滑地驶出。

我便是乘坐长珲城际高铁从长春来到珲春的，现在两地之间500多公里的距离，已被压缩为3个小时的车程。2015年9月20日，长珲城际高铁通车首日，玛琳娜还专门去做志愿者，为俄罗斯人做翻译服务，当天果然有一个数十人的俄罗斯旅游团"尝鲜"从珲春出发前往敦化。这条吉林省内的第一条高铁，串联起吉林、图们、延吉等吉林省东部重要节点，途经风景优美的长白山地区，被称为"东北最美高铁"。

所以，这条高铁不仅密切连接起长吉图区域内的各个重要节点，同时也成了俄罗斯人前往长春等地的重要通道。这样一来，珲春虽然是长珲高铁线最东边的"最后一站"，但也成为俄罗斯人进入吉林腹地的一个重要中转站。就像克里斯蒂娜，她可以便捷地前往长春参加肚皮舞演出了。

有一件事更让玛琳娜、克里斯蒂娜这些住在珲春的俄罗斯人高兴——珲春将开通一条至符拉迪沃斯托克的高铁，而他们的家乡距离符拉迪沃斯托克都不远。对像袁长忠这样一年有一半以上时间在符拉迪沃斯托克生活工作的珲春外贸商来说，高铁的开通也会让中俄"双城记"的便利性大大提升。从珲春到符拉迪沃斯托克的直线距离只有180多公里，比去长春还近。

如今的珲春，已形成集公路、铁路、海运等多种运输方式于一体的立体交通网络，沿边、内陆与沿海联动发展的综合交通运输体系。长珲高速公路南联北拓、东开西延，使长吉图大通道更加畅通；"长珲欧"班列、海洋班列实现常态化运营；被誉为"东北最美高铁"的长珲城际铁路，结束了珲春多年不通旅客列车的历史，也成为俄罗斯人前往长春等地的重要通道，届时珲春将从长珲高铁东部的"最后一站"变为国际高铁中转站，成为吉林省向东出海的高铁动脉支撑……

珲春"借港出海"给东北地区
货物运输带来的变化

哈尔滨至
- 29 / 102
- 28 / 126
- 30 / 54
- 21 / 78
- 14 / 77
- 15 / 94

齐齐哈尔至
- 31 / 105
- 30 / 129
- 32 / 57
- 23 / 81
- 17 / 79
- 18 / 96

沈阳至
- 31 / 99
- 30 / 123
- 32 / 51
- 23 / 75
- 12 / 74
- 13 / 91

大连至
- 34 / 96
- 33 / 120
- 35 / 48
- 26 / 72
- 9 / 71
- 10 / 88

长春至
- 28 / 101
- 27 / 125
- 29 / 53
- 20 / 77
- 13 / 75
- 14 / 92

吉林至
- 28 / 101
- 27 / 126
- 29 / 53
- 20 / 77
- 13 / 76
- 14 / 93

单位：小时

"借港出海"对珲春乃至
整个东北地区货物运输
都会产生重大影响

东北地区货物运输的传统路线为通过陆路运往丹东或大连港，然后再以海运的方式运往中国南方、日韩以及欧美各国。珲春实现"借港出海"后，运输路线则可变为就近运往珲春，再从朝鲜罗津港、俄罗斯扎鲁比诺港出海。这种运输路线的改变，会带来货运时间和成本的极大节省。辽宁对外经贸大学的辛春元在《"借港出海"对东北运输网络可达性的影响》一文中，通过建立数学模型计算了新旧运输路线在时间上的差别。

摄影／许先行

图例

新航线用时
▼
旧航线用时

新潟港
秋田港
釜山港
束草港
上海港
宁波港

高铁让珲春的
区位优势更加明显

长珲城际高铁把珲春拉入了长吉图城市群，打开了珲春向西、向南参与国内广阔市场的通道。而通过珲春东北方向的铁路口岸，我国的铁路早已实现连通俄罗斯符拉迪沃斯托克，现在中俄双方都有意向把这段铁路改建为高铁，如果这一构想能够实现，珲春的区位优势将更加明显。

便捷的交通体系为珲春市开展国内国际交流与合作提供了有力支撑。随着共建"一带一路"和西部大开发的深入推进，陆海相连、通江达海的珲春有望成为中国东北地区通往日本、韩国、欧洲及北美国家陆海联运的最佳结合点。

珲春已不是一座边境小城那么简单了，它已被视为整个吉林省开放发展的重要支撑，承载着众多宏大的期待。

"大图们倡议"
构建东北亚跨境合作
旅游圈

2024 年 9 月 19 日，珲春举办了"大图们倡议第 10 届东北亚旅游论坛"，这是由联合国图们江开发有关机构和中国、韩国、蒙古国等国家和地区参加的，吉林省文化和旅游厅等承办的高端国际论坛，与会代表们一致认为，珲春是东北亚旅游发展的节点性城市，也是民俗文化保存最完整的区域之一。我赶到会场时，会议已经开始了，仅有最后一排媒体席还有一个空位，旁边两位国际友人正在聚精会神倾听，我也戴上桌子上准备的翻译器。正好是蒙古国一位女代表在发言，她的发言立刻就吸引了我。她说了两个重点，一是蒙古国正在构建中蒙俄茶道旅游项目，即茶叶之路。二是在东部地区建立千年成吉思汗旅游项目，蒙古国苏赫巴托省东边至中国境内，就是成吉思汗历史文化区，与中国合作的前景广阔、资源丰厚。这位代表还设想了一个有趣的做法：旅游市场热度高的国家的游客来蒙古国旅游，他们每人奖励一只羊。会场上发出一阵会心的笑声。不会是活羊吧，烤全羊也好啊。

2023 年以来，随着口岸恢复客运通关、中俄免签双向重启，经珲春口岸开展跨境游的游客人数稳步增长。丝绸之路渤海古镇、哇斯托克欢乐岛、东北虎豹科普教育展馆、东北亚国际商品城、沿边境运行的"东北亚长旅号"旅游观光班列等文旅项目，让珲春的"国际范儿"越来越足，文旅不断破圈。

到珲春的第三天上午，我登上了东北亚长旅号旅游列车，这是珲春与中车长客和省内有关高校合作开发的旅游项目，由中车长客量身定做"仿古列车"车厢 5 节，

东北亚长旅号
中俄朝三国旅游新名片

2024 年 8 月 8 日，中国首条沿边境运行观光班列"东北亚长旅号"在珲春首发，它将成为连接中俄朝三国旅游的新名片。此次开行的 1 号线班列由珲春南站始发，沿图们江中朝俄边境运行，经过国家级森林公园、图们江江湾等景观，最终回到珲春南站，全程 68 公里，运行时间约 3 小时。车厢的装饰结合俄罗斯宫殿装修风格，车上提供俄式西餐服务和中俄文化交流体验，让乘客在欣赏边境风光的同时，感受多元文化的魅力。

利用现有铁路客车停运货车较少的条件，开行珲春至密江山区密林列车，往返68公里，含餐与不含餐两种消费，车上有俄罗斯青年表演手风琴、歌舞等节目。70周岁以上老人，不分地区免票乘坐。试运行两个月来，颇受欢迎。

每5只帝王蟹，
就有4只来自吉林珲春

不靠海的吉林，为啥能帮中国人实现"帝王蟹自由"？与珲春毗邻的俄罗斯和朝鲜海产品资源丰富，其中主要进口区——俄罗斯远东捕鱼区位于太平洋北部海域，是世界性渔业高产区，占俄罗斯海产品总量的80%以上，年捕捞量约280万吨。得益于成熟的跨境通道和便利的口岸通关，国外取材、国内加工、主销国外，"两头在外"成为珲春海产品与众不同的营销模式，"区位＋资源＋政策＋园区＋品牌"是珲春做活海产经济的"法宝"。随着不断引进和发展冷链运输、仓储、深加工等上下游配套企业，珲春水产品加工产业链条业已形成。过去，进口俄罗斯帝王蟹通常要到周边国家的港口中转，时间较长。近年来，吉林省持

览三疆风情
享"帝王"盛宴

珲春，凭借独特的区位优势和口岸优势把"海鲜经济"做得风生水起，每年数万吨帝王蟹和雪蟹从珲春公路口岸进口，再销往全国各地。珲春正成为我国重要的海鲜产品集散地，其中又以进口的帝王蟹最为有名。来珲春实现"帝王蟹自由"，如今成了社交平台上属于珲春的独特标签。

续推进对俄"滨海 2 号"运输走廊建设，"堪察加—扎鲁比诺—珲春"航线的开通，使帝王蟹及其他产品的运输变得稳定、省时、低价。特别是珲春口岸实施的"7×10"小时工作制，以及多次延长口岸通关时间和优先验放鲜活海产品，极大地提高了车辆通关效率，让鲜活海产品进口企业非常受益。作为中国帝王蟹进口的重要口岸，每年从珲春口岸入境的帝王蟹超过 150 万只。

"我们没有海，却有世界上最好的海鲜。"这句话是珲春人的口头禅。海鲜也是天南地北的人们来珲春盯着的美食。9 月 19 日晚上，正赶上"览三疆风情，享帝王蟹盛宴——2024 年珲春帝王蟹嘉年华"在哇斯托克欢乐岛景区开幕，现场人流涌动，一派欢乐祥和。民族歌舞、特色美食、悦耳的音乐与缭绕的香气在空气中飘散。帝王蟹展销柜前，买的人不少，以大小和鲜活程度论价，当日的价格是每斤红蟹 158 元左右、蓝蟹 228 元左右。正欲离开帝王蟹柜，一个熟悉的身影在眼前一闪，啊！这不是北京的老朋友老李吗，他正在挑选帝王蟹呢！一只 5 斤左右的红蟹，不到 1000 元人民币搞定。老李也发现了我，立马拉住我："走，一起享口福去。"我们来到珲春的喀秋莎俄餐厅，加工费仅仅 10 元人民币，不到 20 分钟，东北人说的"簸箕大"的一只金黄透红的帝王蟹就蒸好了。珲春的海鲜，来自符拉迪沃斯托克，产自白令海、日本海、堪察加半岛及北冰洋，国际贸易的畅通和运输工具的高科技化，让这个没有海的边陲小城，每天都有来自千里之外的鲜活海产品到货，尤其是全国销售的帝王蟹，85% 来自珲春。

跨境电商"加速跑"，
小城打出"国际范儿"

今日的珲春已"通江达海"，高铁直通长春、北京、大连、齐齐哈尔等地，331 国道从城中穿过，还有珲乌高速、302 国道以此为起点。在珲春的第三天，我走访了跨境电商产业园。

我见过无数的电商城、产业园，但珲春跨境电商产业园还是让我眼前一亮，这要在广东，也没什么大惊小怪的，可这里是东北亚一角、吉林省较偏远的县城。其规模一点不输任何一个沿海开放城市的产业园，特别是购物的人流，堪称庞大。这是我亲眼所见，还有现场看不到的。据了解，珲春有一个"三句话"的目标：买全球，卖全球，通全球。近年来，珲春市全面打通国际物流通道，成为目前我国面向俄罗斯 3C 产品最快、最优惠通道。依托海关一体化通关，开通香港至珲春大通关转关业务，开通东北首条跨境电商包裹国际公路运输（TIR）业务，将珲春至莫斯科运输时间缩短 3 至 4 天，实现了珲春—符拉迪沃斯托克—莫斯科"直通车"。总投资 6.5 亿元、建筑面积 11.5 万平方米的珲春东北亚跨境电商产业园于 2022 年 8 月投入使用，开通了跨境电商 TIR 公路卡航、中俄跨境公路、铁路邮路等业务。自 2019 年获批国家级跨境电商综试区以来，珲春市充分发挥区位、政策、人文优势，抢抓跨境电商新风口，推动跨境电商年贸易额由 2018 年的 4300 万元激增到 2023 年的 50.8 亿元，年均增速达 90% 以上，连续三年陆路过货量居全国首位。如今，珲春已成为我国对俄最大的跨境电商陆路口岸，珲春跨境电商产业已成为拉动吉林省外贸增长的新引擎。在商务部 2023 年度跨境电子商务综合试验区考核评估中，珲春跨境电商综试区获评"成效较好"等级，被列入全国第二档。

珲春没有海，却把"蓝海梦"化作一点一滴的蓝图加以实现。多年来，珲春市深度融入共建"一带一路"大格局，以海为源、与洋互动、对外开放、向内辐射，着力开拓向海发展空间，以珲春海洋经济发展示范区建设为契机，奋力打造新时代面向东北亚开放合作桥头堡，为吉林振兴发展绘就令人瞩目的蓝色画卷，令吉林省的"蓝海梦"日益生动、日益澎湃。

（原载于《中国国家地理》2017 年第 4 期，收录时已作修改）

"东边道"铁路：
如何用好这条东北东部的纵贯大道

撰文/王　宁　摄影/罗春晓　等

"东边道"铁路——这是在我国东北铁路网中一条紧贴中俄、中朝国界的南北向大通道。它以日本侵略者在东北东部修筑的南北向铁路为基础，将多条断头路段连接成网，纵贯东北三省。它承载了哪些期待，带来了怎样的变化，又面临着怎样的挑战呢？

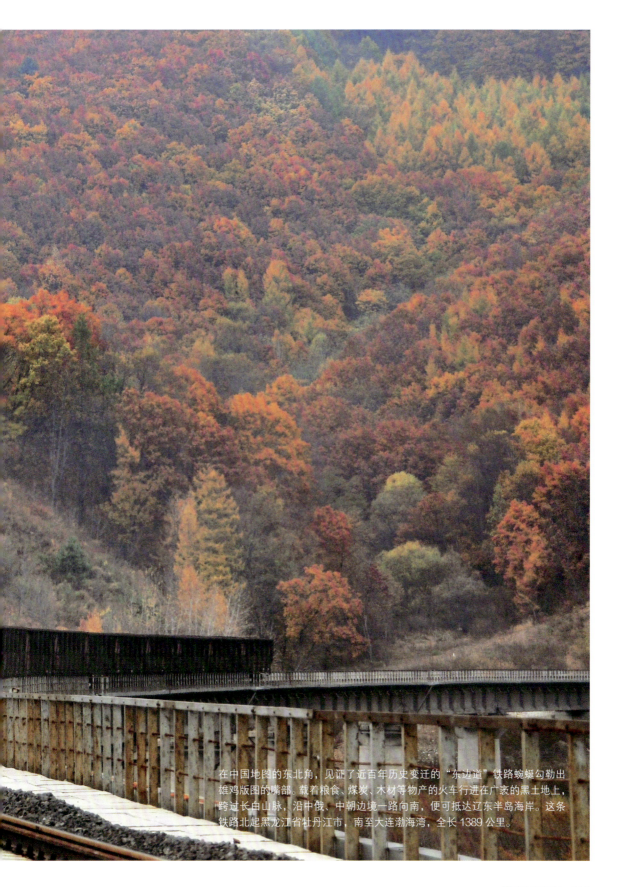

在中国地图的东北角，见证了近百年历史变迁的"东边道"铁路蜿蜒勾勒出雄鸡版图的嘴部。载着粮食、煤炭、木材等物产的火车行进在广袤的黑土地上，跨过长白山脉，沿中俄、中朝边境一路向南，便可抵达辽东半岛海岸。这条铁路北起黑龙江省牡丹江市，南至大连渤海湾，全长 1389 公里。

从被掠夺到被殖民，这条铁路承载了太多的屈辱记忆

提起我的家乡东北，身边许多朋友的第一印象除了极富感染力的东北人、东北话，还有东北大地丰富的物产——黑龙江东部的煤炭、石墨，吉林东部的长白山木材和中草药，辽宁东部的几十种矿藏……丰富的资源不仅是东北人民至关重要的生存依靠，历史上，也曾成为侵略者的掠夺目标。提起连接着这些资源的东北东部铁路，居住在东北三省的老一辈人依然记忆犹新。如今的东北东部铁路在中华人民共和国成立前有一个特别的名字——"东边道"。

"东边道"有何来头呢？我找到了研究东北铁路历史的吉林省文联副主席曹保明。他说，"东边道"最早的概念来源于清人入关后的封禁政策。其中的"边"，最初指清政府修筑的"柳条边"墙。九一八事变后，日本占领东北，"东边道"则演变成了日本在东北东部地区兴建铁路的总称。

20世纪初，是日本、沙俄在东北角逐的时期。要想将丰富的自然资源开发利用，交通是必不可少的一环。东北东部大片地区位于长白山地，山高坡险，冬季漫长寒冷，部分地区冰雪期达6个月以上，使公路运输的发展受到严重限制。尽管区域内河流较多，但由于冬季封冻等因素也不宜开展内河航运。因此，铁路成为东北东部地区交通运输的主要方式，也成为侵略者对东北进行经济侵略的一大利器。到了日伪统治时期，日本几乎攫取了东北全部路权，并不断拓展东部铁路线路，以便运输军需物资和掠夺东北丰富的农矿产品。

作家萧红曾在《一条铁路的完成》中生动记录过东北学生对于日本兴建"吉敦铁路"的示威抗议。那是一条自吉林至敦化的东西向线路，但最终，"那条铁路到底完成了"。随后几年间，伪满洲国向"满铁"借款，修建了这条吉敦铁路的东向延长线——敦化至图们铁路。在此基础上，日本又规划了以敦图铁路为基础线的东部南北纵贯铁路网，将牡丹江、珲春、通化、丹东等地网罗其中。

"日本在东北东部地区沿南北走向修建了大量铁路，而这几条铁路又都尽可能修到了边境，连接着朝鲜半岛，以便将掠夺来的物资通过朝

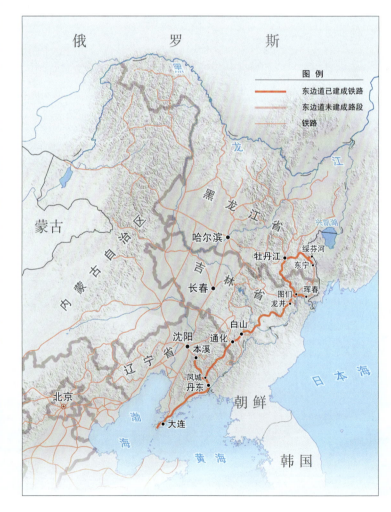

东边道及东北铁路线路图

鲜运到日本。"曹保明指着一张伪满时期的铁路地图说。

日本人对"东边道"的控制延续至1945年，铁路修筑随着战争结束而中止。苏联红军进入东北后，拆除原"东边道"铁路中的绥宁、兴宁、珲春等路段，损毁路基，至此，这段充满殖民色彩的历史告一段落，"东边道"铁路的交通也随之断裂。

以东西向的敦化至图们铁路为基础线，日本侵略者规划并修建了南北向的"东边道"铁路，使其不仅连接东北三省，而且与朝鲜半岛的铁路相通，以便将掠夺的资源经朝鲜运往日本，同时从东北东部向沈阳等腹地输送兵力和战略物资。上图为敦图铁路（敦化至图们），与朝鲜北部的铁路港口相连。下图为伪满时期"东边道"地区资源地图。供图／王锦思

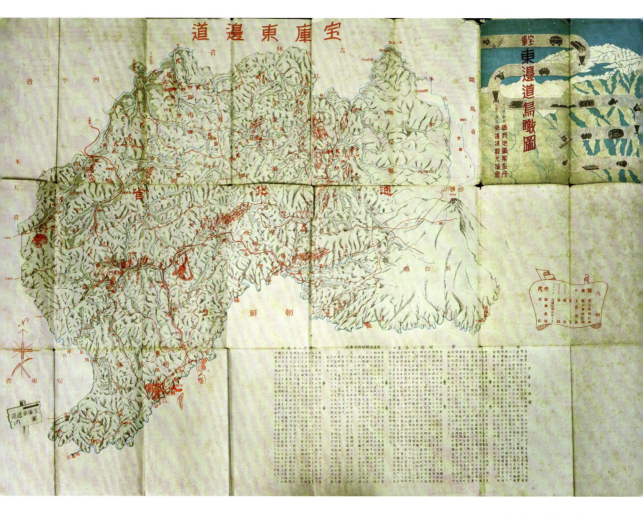

新中国成立后，"东边道"铁路经历了太久的沉寂

在今天的东北边境城市，依然可以看到几十年前留下的桥墩、加水站、碉堡等遗迹。历史翻开新的篇章，那些断轨和废桥却成为未完成的章节，随着时间的推移陷入沉寂。

"不论从历史还是地理的角度看，'东边道'的重要性都是非常大的，可在一段时期内我们却只能任由其消失。"吉林省作家协会原主席赵春江老师惋惜地对我说。他告诉我，中华人民共和国成立后，"东边道"沿线的一些地区建起了林业局，用"森林小火车"运输采伐的木材，这些"小火车"轨道，大部分都是利用了日本人当年掠夺资源时建设的路基路轨。

然而，除了林业的小范围使用，整条"东边道"铁路却始终没有得到充分利用。"整条铁路没有被'捡起来'，远远没有发挥曾经的运力。"赵春江说，"20世纪90年代，随着林业改制、国企改制，木材的采伐量减少，仅靠汽车就可以运输，原有'东边道'铁路的利用率越来越低。后来，连日本人留下的铁路框架也都扒掉拆掉了，太可惜了，如果留到现在发展旅游的话，可能多少钱都换不来。"

与此同时，东北地区的铁路交通网络也开始面临历史遗留下的难题——中华人民共和国成立后，东北地区的物流、人流由从前的南去日本，转变为自东向西入关内支援内地建设，巨大的运输压力集中到了山海关所在的东北中部线路上。

交通运输的日益紧张，不仅阻碍了东北东部地区经济的发展，也影响了国家急需的矿产、煤炭等资源产量的提高。据资料记载，在1985年前后，黑龙江东部的鸡西等矿区内，大量已采的煤炭不能及时外运，只能任其风化；在吉林东部的通化等地区，每年也有大量木材由于无法运出，最终只能烂在山里。

对于在东北东部贯通一条铁路通道的需求愈发凸显，曾经的"东边道"铁路也再次进入人们的视野。

从内联到出海，这条铁路燃起了太多的希望

如果"东边道"铁路全线贯通，能否满足东北东部地区的运输需求？改革开放后，黑、吉、辽三省开始研究重新贯通"东边道"铁路的可行性，并促使其建设得到国家计委和铁道部的重视。

对于这个过程，时任吉林省地方铁路管理局运输处副处长的葛双平记忆犹新。当时由于工作关系，葛双平开始接触并关注东北东部铁路建设问题。葛双平回忆："我们进行了大量工作，数次向铁道部、国家发改委建言。"2003年，中央终于决定在"东边道"铁路的原有基础上建设东北东部铁路，形成东北东部新的出海物流通道。

从地理位置上来看，对于自身没有出海口的黑龙江和吉林来说，东北东部铁路的意义尤为重大。"这两省没有港口，所以建好了'东边道'铁路，就可以通过辽宁丹东出海。"葛双平说。

2006年5月，东北东部铁路开工建设，新建通化至灌水、前阳至庄河、白河至和龙这三段铁路，并于6年后完全贯通，将丹大线、沈丹线、梅集线、长图线等13条既有铁路线连通，多条断头铁路连接成网。铁路连接东北东部13个城市、30多个县，辐射总面积达22万平方公里，辐射人口1800万，设计运输量为每年216万人次客运、1600万吨货运，旨在解决东北地区铁路运输紧张的问题，以及疏通铁路沿线地区的人流、物流、信息流。铁路连接由丹东港、庄河港、大连港组成的辽东地区港口群，从而为东北东部地区打通了一条新的出海大通道。

仅以钢铁行业为例，"东边道"铁路的贯通，拉近了丹东港、大连港与东北腹地实体企业的距离。这条拥有千万吨级别货运能力的南北新通道的运行，使得原本只能经哈大线运输的铁矿石等资源有了新的运输途径。通过"东边道"铁路运输，通化钢铁厂至丹东港的运输距离可缩短300余公

随着路桥技术的进步和运输需求的变化，中华人民共和国成
立后，"东边道"的部分路线已经改道，原有的一些铁道早
已废弃。在吉林省临江市桦树镇一条曾供日军掠夺长白山木
材的"东边道"支线路段上，旧时的铁路桥已被拆除，只余
下桥墩和沿线修建的多处碉堡。摄影／赵春江

里，本溪钢铁、鸡西钢铁等企业也都可以由此从丹东港出海，有效降低运输成本。

2005 年，覆盖东北三省 14 个市州的东北东部经济带规划正式提出，"东边道"铁路则是贯穿其间的重要基础设施。

在铁路建设的同时，东北东部经济带内，包括仓储、物流、工业园区等在内的一批新的工业项目也围绕着铁路建设起来：丹东市投资 34 亿元的大型热电联产项目已经在这条铁路沿线的同兴镇落地，一些化纤、造纸、石化等企业向铁路沿线的工业区搬迁，更多外来企业也把目光投在了铁路沿线区域。赵春江说："尤其延边地区，有韩国人开的工厂、延边的服装厂、明太鱼加工厂、冷冻厂等，都在铁路沿线发展了起来。"

从密林到大河，这条铁路穿越了太美的风景

如果说密集往来的哈大高铁班次像这个时代呼啸前进的步伐，那么相比之下，以货运为主的"东边道"铁路则似乎更像放缓节奏的胶片电影，少了些许喧闹，却承载着太多故事，也吸引了许多铁路摄影爱好者的目光。

90 后摄影师王岜是个铁路迷。当我问起"东边道"铁路的情况时，他立刻提出了一连串值得拍摄的地点："延吉以南，在和龙、龙井附近，雄伟的铁路高桥横跨山间，可以用长焦拍出精彩的画面……还有一个地方叫仙人桥，那里犹如仙境，一定不能错过……"

王岜提到的仙人桥位于白山市至安图县的浑白线上，地如其名，这座长白山腹地里的小镇如仙人府第，拥有绝美的自然风景。在这里，"东边道"铁路时而与头道松花江齐头并进，时而跨江而行。山间多样的树种和灌木，为长白峻岭披上了五彩的外衣。坐在行进的列车中向外望去，眼前的风景如同一幅流动的油画，阳光穿越林间，光影的交错与车轮声形成和谐的节奏。

"但浑白线有一个最不利于拍摄的特点，就是列车密度特别小。"王岜说，"运气好的话，平均两小时来一趟车。"

目前，"东边道"铁路以货运为主，仅在部分路段承担客运功能，区间内通行多为慢车，车次较少。例如自丹东至龙井路段，每天只发一对客运列车，乘客也多为当地人。除非是王岜这样的铁路迷，否则很少有外地人专程为观光而乘坐这样的慢车。

在美国、加拿大、澳大利亚等国家，铁路观景已成为较为成熟的旅游产品。例如，加拿大国家铁路公司依托铁路沿线的自然优势，推出多条观景客运线路，有的列车还设置了 360 度观景车厢，结合优质的服务，每年都能吸引世界各地的大量旅客前来体验，极大地推动了当地经济发展。

在东北东部经济带发展规划下，旅游和生态合作被视为打造东北东部经济带的突破口。许多专家认为，"东边道"及其北部的铁路无疑可以整合东北东部旅游资源，铁路将三江平原湿地、乌苏里江风情、长白山原始森林、鸭绿江沿岸风光等自然景观连成一线，加上东北丰富的历史人文景观，如果加以开发利用，完全有发展观景客运的潜力。

从自身到环境，这条铁路面临着太大的挑战

由于种种原因，包括开展东北东部铁路观景客运在内的诸多建议尚未得以采纳，王岜提到的列车密度问题也说明，"东边道"铁路的潜力尚未完全发挥。

赵春江认为这与各路段的合作不足有关："各个路段的相关部门始终都没有形成联动，没有把'东边道'价值发挥出来。"

此外，东北整体经济现状也限制着这条铁路所能施展"魔法"的空间。

"东北这几年显得不如其他经济区域发展那么迅速，整体的发展动力不是特别充足。"城市轨道交通专家、原中国城市规划设计研究

院城市交通研究所所长赵杰认为，完善铁路网络建设，将为发展东北经济提供必要的支撑条件，"东北地区物产很丰富，东北东部又和俄罗斯、日本、韩国、朝鲜等国家有天然的地缘联系，内部、外部交通的衔接，需要有强大而快速的铁路交通系统作为支撑，这样才能够发挥东北在国家经济版图中的特殊职能。"

放眼东北大地，众多潜在的经济增长点正如同隐匿在"东边道"铁路两旁的风景，潜力巨大，尚待挖掘。奔驰在三省之间、国界之侧的列车，正等待着我们更好地将它利用。

（原载于《中国国家地理》2017 年第 5 期）

东北东部地区能源丰富，"东边道"铁路至今仍承担着东北东部地区能源运输的任务。

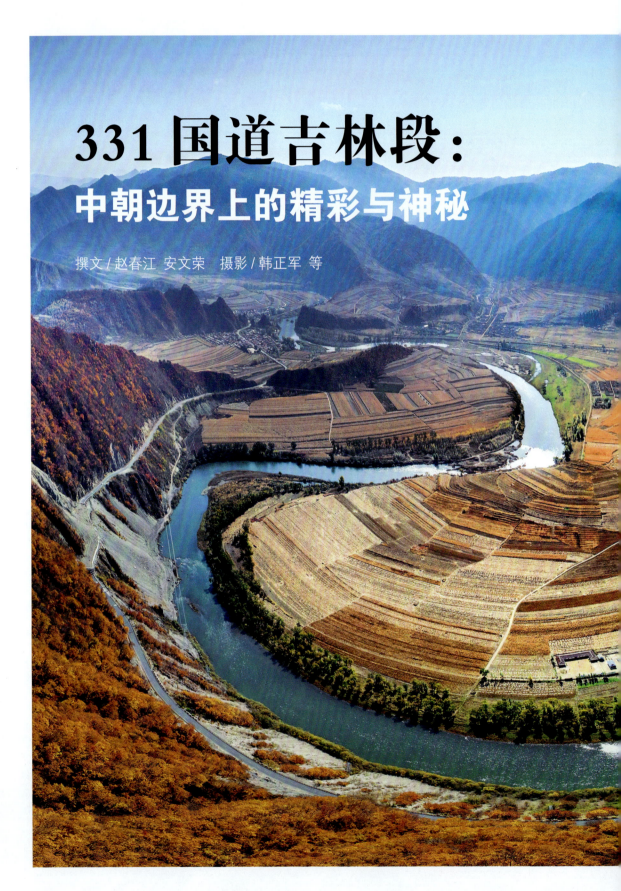

331 国道吉林段：

中朝边界上的精彩与神秘

撰文 / 赵春江 安文荣　摄影 / 韩正军 等

331国道是我国的一条边境国道线，起点位于辽宁省丹东市，终点则到了新疆维吾尔自治区阿勒泰地区哈巴河县。331国道的吉林段，一路沿着中朝边界行进，经过鸭绿江河谷、松花江源头河谷和图们江河谷，沿途得见各色沟、岗、湾等景观，北国风光和历史遗迹让人心醉神迷。本文作者走访331国道吉林段，把这段道路上精彩的自然景观和人文现象娓娓道来。

从鸭绿江峡谷十四道沟鸡冠砬子到冷沟子大湾的路段，据公路建设者介绍，几乎是整个331国道上最险要的一段。一侧紧贴江崖，另一侧是坡度接近70—80度的陡峭崖壁。

河流交叉处
是高句丽世界文化遗产地

苍翠的群山之间，两条碧蓝的江流汇聚，形成一个"Y"字。这里是鸭绿江（右）与其最大支流浑江（左）交汇处，图中右侧是朝鲜满浦，左侧是中国集安。
摄影 / 王彬

331国道始于辽宁省丹东市的鸭绿江入海口，一路向东，进入长白山腹地，便与从长白山流出的鸭绿江、松花江、图们江握手结缘，并在这里上演了自然与历史交织的大剧。

如果你来到吉林省集安市鸭绿江边一个叫古马岭的地方，并登上附近的山顶眺望，就能看到滚滚而来的鸭绿江和清澈幽蓝的浑江。鸭绿江左岸是朝鲜，右岸是中国辽宁省与吉林省交界处。这里的集安拥有世界文化遗产"高句丽王城、王陵及贵族墓葬"遗址。

伫立在古马岭浑江口大桥，凝视江河奔涌，让人不由得心潮澎湃，一下子就跌进了历史深处：中国北方有一个存续了几百年的高句丽地方民族政权，在今辽宁桓仁县五女山山城建业，居40年，之后迁入今集安市国内城和丸都山城，在今集安兴盛425年。

边城集安：东北的"小江南"

331国道傍着鸭绿江，在集安穿城而过。

现在生活在集安的人，不论是城里人还是乡下人，当和他们说话唠嗑儿时，你会突然有一种感觉，觉得集安人有一种团体的、集群的地域自豪感，就像空气一样，看不见，却存在着。

集安人的口头禅是："我们是吉林'小江南'。"

集安岂止是"吉林小江南"，说它是东北的"江南"都不为过。集安北面的老岭山脉如同一道生态防护墙，挡住了来自北方的寒流，鸭绿江流到这里，已经是中游，长白山的冷空气与渤海湾的暖湿气流在此相遇，形成了一个温暖的小气候区域。集安市与老岭北面直线距离不到百里，岭前岭后物候相差二十多天，集安人又有了一个自豪的口头禅："与北京八达岭一起进入春天。"

也难怪，高句丽人在这里生活了400多年，留下了丰富的历史文化遗产，国内城、丸都山城、好太王碑、将军坟、洞沟古墓群，等等。古人建城讲究依山面水，集安就是这样的风水宝地。

过了古马岭，顺着鸭绿江向上，逐渐进入连绵不断的鸭绿江河谷、松花江源头河谷和图们江河谷，这是331国道9000多公里长度中难得的峡谷通道。

得益于独特的自然环境和温润的气候，集安人杰地灵，物产丰饶。集安的边条参、板栗、白桃、冰葡萄，早已经驰名中外。集安早市，名扬东北，更是331国道上物产较为丰富的早市之一。集安还出了一个艺人叫大鹏，拍了一部电影叫《缝纫机乐队》，电影的拍摄外景地被当地政府建为旅游打卡地——大吉他广场，大有成为现代名胜的趋势。

入选世界遗产名录，高句丽以崭新的面貌走入人们的视野

吉林省位于东北亚核心区域，文物资源丰富，底蕴厚重，地域文化特色鲜明，特别是夫余、高句丽、渤海遗存代表了汉唐时期东北亚文明的发展，构成了吉林文物工作边疆性、民族性和国际性的特点。

吉林省境内现存不可移动文物9204处。其中世界文化遗产1处，即"高句丽王城、王陵及贵族墓葬"遗址。

汉武帝元封三年至四年（公元前108—前107年），汉灭卫氏朝鲜并设玄菟、乐浪、临屯、真番四郡，其后临屯、真番二郡被废，玄菟郡内徙，第二玄菟郡的首县高句丽县（推定为辽宁新宾永陵南城址）一带的浑江中下游地区为高句丽先民最早期的中心活动区

域。公元前37年，夫余国王子朱蒙（邹牟）以高句丽族为主体，在高句丽县境内建立了高句丽政权。668年，高句丽政权被唐和新罗联军攻灭。政权"三治两迁"，自公元前37年至公元3年，定都辽宁桓仁五女山山城，公元3年至427年，以吉林集安国内城为都，427年，迁都平壤，势力扩展到朝鲜半岛南半部。高句丽政权延续705年，历经28代王。高句丽政权灭亡后，其王室贵族和社会上层多被迁徙至关中（今陕西西安及周边区域）和洛阳（今河南洛阳）等内地，还有部分民众流亡到朝鲜半岛南部的新罗、图们江以北靺鞨地界甚至进入日本列岛。

高句丽政权建立后在一段时间内，受玄菟郡管辖，是玄菟郡界内的民族政权，之后则连续接受中原政权的册封，与中原地区始终保持着密切的政治、经济、文化诸方面关系。高句丽的历史映射出汉唐时期东北亚各部族的势力消长与迁徙变动，是当时边疆与中原关系的集中展现，也是中华民族多元一体进程中不可分割的重要板块。

高句丽以集安国内城、丸都山城为都城的425年间，曾经创造了辉煌的历史，如今仍存留大量的历史遗迹，成为该段历史无可替代的实物见证，也是高句丽留给人类弥足珍贵的文化、艺术宝库，具有重要的历史价值、艺术价值和科研价值。为更好地保护、传承、利用珍贵的高句丽遗产，2002年我国启动了高句丽王城、王陵及贵族墓葬申报世界文化遗产工作，并于2002年3月向联合国教科文组织世界遗产委员会递交了申报文本。2004年7月1日，在江苏苏州召开的第28届世界遗产大会上，高句丽王城、王陵及贵族墓葬（43处，吉林省集安市42处，辽宁省桓仁县1处）成功列入世界遗产名录，成为我国第22处世界文化遗产、第30处世界遗产。其意义主要体现在以下两个方面：

一方面，向世界全面展示高句丽的历史与价值。作为中国古代东北地区最具特色与影响的民族和地方政权之一，高句丽政权以

五女山山城和国内城为都长达467年，曾经创造了辉煌的历史和文化。其主要遗迹如山城、墓葬群等，成为该段历史无可替代的实物见证，具有极高的历史与文化价值。高句丽政权的都城是山城的早期范例，代表了人类创造与自然环境的完美融合。好太王碑及其碑文，体现了中原文化对高句丽文化（高句丽并未发展出自己的文字）的深刻影响。墓葬中的壁画不仅展示了高句丽人的艺术手法与独特风格，同时也反映出周边文化对高句丽艺术的强大影响。这些珍贵遗产，不仅是中国的，也是世界的宝贵财富，需要全人类共同守护。

集安将军坟
更具"东方金字塔"气派

位于吉林省集安市东北约4公里的龙山脚下，因其造型颇似古埃及法老的陵墓，因此被誉为"东方金字塔"，推算为公元4世纪末5世纪初高句丽王朝第二十代王长寿王之陵。整座陵墓呈方坛阶梯式，高13.1米，墓顶面积270平方米，墓底面积997平方米，全部用精琢的花岗岩砌成。坟阶7层，每层由石条铺砌而成，每块条石重达几吨。第五阶有通往墓室的通道，盖棺石板重50多吨，每面3个护坟石各重10余吨，其势宏伟壮观。摄影／赵春江

不夜集安
"大吉他"璀璨

大吉他广场位于集安市建设街滨江休闲广场，广场因电影《缝纫机乐队》而名声大噪，是集安的地标性建筑和旅游者的热门打卡点。大吉他广场地理位置得天独厚，这里不仅有高句丽博物馆、野山参博物馆等丰富的文化体验场所，每晚还有精彩的灯光秀。每当夜幕降临，这里的音乐盛宴就会上演，声光电效果令人震撼。摄影／赵春江

另一方面，推动学术研究深入开展，铸牢中华民族共同体意识。20世纪末，中国、日本、朝鲜、韩国学者发表了多项研究成果。朝、韩两国将高句丽历史视作正统国史，导致对高句丽历史的阐释出现重大偏差，不仅严重冲击了传统认知，而且对我国的领土安全、边疆稳定构成严重挑战。面对不可回避的冲击和挑战，中国学者义不容辞地通过考古工作维护国家利益，增强民族认同，铸牢中华民族共同体意识。

辽宁、吉林以世界文化遗产申报为契机，对五女山山城、丸都山城、国内城、王陵及贵族墓葬进行了调查与发掘，开创了主动发掘与展示利用有机结合的考古工作新范式。2013年以来，辽宁、吉林两省考古所和中国社科院考古研究所、吉林大学、辽宁大学等科研单位陆续发掘了永陵南城址、磨盘村山城等遗迹，并开展区域性系统调查工作，均取得了重要收获。特别是"考古中国——高句丽考古研究（2023—2027）"项目的实施，使高句丽文化起源与谱系、高句丽与渤海文化之间的关系、高句丽与周边民族的关系等研究课题也取得了突破性进展，为构建高句丽学科体系、学术体系和话语体系奠定了坚实基础。

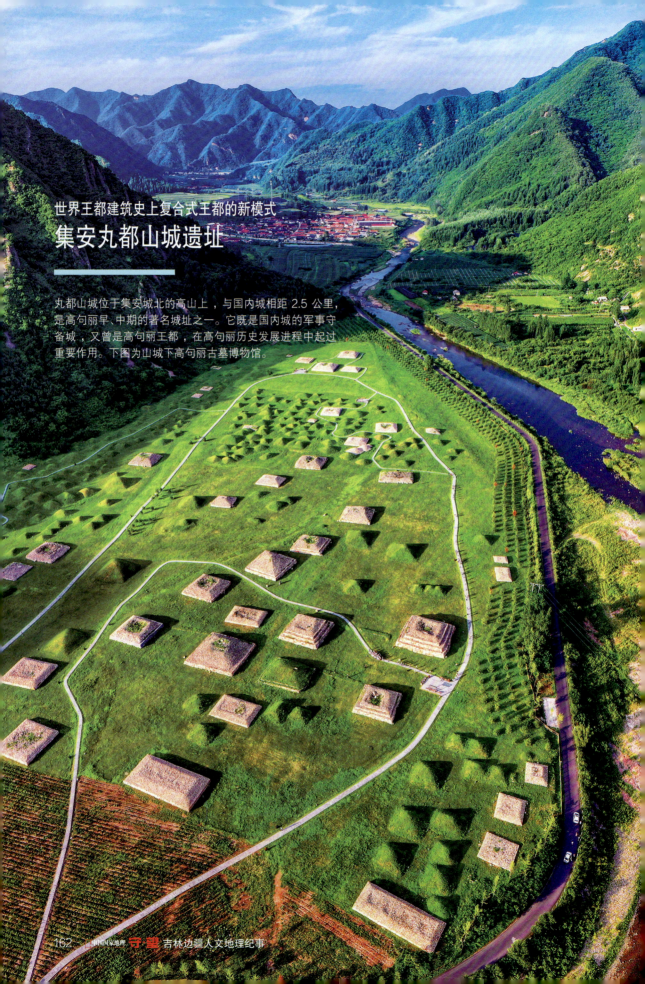

世界王都建筑史上复合式王都的新模式
集安丸都山城遗址

丸都山城位于集安城北的高山上，与国内城相距 2.5 公里，是高句丽早、中期的著名城址之一。它既是国内城的军事守备城，又曾是高句丽王都，在高句丽历史发展进程中起过重要作用。下图为山城下高句丽古墓博物馆。

331国道上，饱含历史风霜的古迹
与彰显生活气息的菜市场交相辉映

331国道经过了众多的关隘、古城。上图为吉林省延边朝鲜族自治州珲春市杨泡满族乡杨木林子村南侧的萨其城，始建于唐代，断续沿用至清代，为渤海国遗址。萨其城沿山脊线修筑城墙、城门，山下现今的杨泡乡，是富察氏祖籍地，清代名将福康安老家就在此。

摄影 / 常克永

两侧山脉耸立，
331国道在其间行进

在吉林省临江市以东，鸭绿江右侧的长白山龙岗山脉愈加突兀挺拔，在很多地方都对331国道形成了挤压迫近之势，好像要把331国道捧进江里。而鸭绿江左侧，是朝鲜盖马高原与狼林山脉，地势竟也毫不示弱，把天际线抬升到了视线的45度角以上。现在的331国道，在峡谷中穿行。百年以前，331国道的前身是崎岖的古道，是放排人回返的羊肠小道；日本侵占东北时，它是掠夺长白山资源的过道；1949年以后，它则成了神秘的边防公路。抗美援朝期间，这里正是志愿军藏兵运兵、突出奇兵的隐蔽战略通道，正是在这条通道上走过去的志愿军，在狼林高地上创造了扭转朝鲜战场局势的胜利，令美军王牌部队——美国海军陆战队第1师闻风丧胆。

把时钟拨回到1950年11月的一天傍晚，鸭绿江已经封冻，今白山市长白朝鲜族自治县八道沟镇金厂村的几位村民从南川村回家，路过一处大石碴子时，被从山上下来的军人拦了下来。

第二天天亮，警戒解除，村民望向江里，只见黑压压的部队，队尾的军人刚刚过完江上岸，前面的队伍已经隐没在朝鲜山坡上那片红松林里。村民太熟悉那片遮天蔽日的红松林，红松粗壮的树干要两三个人才能搂过来，村里的妇女经常去那里挖野菜采蘑菇。原来志愿军的大部队正是从331国道的前身，也就是金厂村后山的公路徒步下来，迂回到大石砬子下方冰层很厚的冰面过江的。当天上午10点钟左右，天空中突然出现了几架美军飞机，先是轰炸志愿军进入的那片红松林，将整片红松林都点燃了，接着轰炸金厂村，几位村民为躲避轰炸，钻进了一个草垛，美军飞机的尾气将草堆吹散，村民们还趴在那里。过去了很多年，这还是村里的一个笑谈。更有眼尖的村民，居然看清楚了美军飞行员戴着棉帽，20多岁的样子。

抗美援朝战争的经历者说起当年的情形，仍然记忆犹新，甚至还能叫出当年趴在草垛下的人的名字。村民们至今不解的是，美军飞机是怎么发现志愿军从这里过江的？

历史不会忘记长白县八道沟镇金厂村，这里有一条志愿军"小道"，正是这些志愿军参与创造了抗美援朝二次战役扭转战局的奇迹，而他们多数人的背影，却永远留在了鸭绿江的冰面上。

331国道上，沟、湾、岗震撼人心

本地摄影向导石宝金多年来带南方的摄影家和摄影爱好者无数次走过东北的名山大川和网红打卡地。他说南方的朋友回味最多、印象最深的路线，就是如今的331国道吉林段，他们把行进在这条山水长廊中形容为"不用护照，眼睛出国的旅游"。在中国一侧，他们把这条路线提炼出三个字：沟、湾、岗。

由于清朝封禁长白山200多年，直到清同治年间才逐渐放开，大批人流是沿着鸭绿江逆流而上进入长白山腹地的，民间对地理名称的命名和记忆也是从走过的一条条沟开始的。这

遍布火山喷发痕迹的十五道沟

331国道鸭绿江段，最显著的地理特点是沟多。由于清朝封禁长白山，直到光绪年间才逐渐放开，当时的人们沿着鸭绿江逆流而上进入长白山腹地，给走过的一条条沟命名，从头道沟一直到二十四道沟。其中最吸引旅行者的是十五道沟，它是长白山区欣赏千百万年来火山喷发形成的玄武岩柱状节理的最佳地点。附近的地下水从沟里各处涌出，又形成了瀑布群奇观。摄影／朴龙国

传说中的清朝发祥地"圆池"

331国道经过长白山东北坡，行政版图上进入吉林省安图县境内，路北侧里许，密林中出现一个大大的水塘，史称"圆池"。据记载，这里就是清始祖布库里雍顺的"诞生地"。（上图）
珲春市杨泡满族乡满族剪纸代表性传承人蔡景珍，在家里向国际友人和当地热爱剪纸艺术的孩子传授满族剪纸技艺。（右图）
摄影／赵春江

就有了从头道沟到鸭绿江源头附近的二十四道沟，几乎成为中国版图上一种独特的地理命名。所谓的"沟"，在东北话中指的是与干流河谷纵向交错、梳齿状的支流河谷。其中十五道沟不仅是旅行者的最爱，也是火山地质专家研究探索火山活动历史的最佳观测点。

东北人管江流拐弯的地方叫湾，而这一段路上比较震撼的大湾，据本地摄影家韩正军多年来踏遍鸭绿江上游的摄影记录来看，有集安太极湾和长白太极湾、六道沟欧米伽湾、八道沟大湾、十二道沟大湾、十三道沟大湾、金华大湾、冷沟子大湾等。

而"岗"指的则是火山台地。著名的岗有金华岗、南尖头后岗等，其中最典型的是金华岗，在长白县金华乡鸭绿江边起步，顺着331国道延伸，东西长10余公里，南北宽5公里，海拔1000多米，有着"一岗望三山"的景观。

这里的"三山"指的是长白山主峰白云峰、望天鹅和朝鲜胞台山。

吉林省白山市长白县是我国唯一的朝鲜族自治县，30年以前交通十分闭塞，那时长白至抚松的公路还没有打通，要从松江河绕道临江来长白。长白县现在是331国道由西至东折向北的拐点。从丹东出发逆鸭绿江而上、顺图们江而下的331国道，在长白山脉和张广才岭区域，是整条331国道最险峻的路段，史前火山爆发时期，让"331"在这里一会儿奔向火山台地的悬崖峭壁，一会儿又蜿蜒于火山遗迹谷底，用惊心动魄形容这里，一点儿都不夸张。但自驾者少有恐惧，这要感谢长白山的自然环境，也就是早在1982年就被联合国命名的"人与自然生物圈保留地"，说白一点，就是森林覆盖率高，是树木和植被，隐藏了道路的"险恶狰狞"。

331 国道：把清朝发祥地圆池带到你面前

很多人会问一个问题：什么时候去东北旅游最好？这是一个很难回答的问题，不像东北人去海南就是为了避寒那样纯粹与直接。东北大地，春天踏青山花烂漫，夏天避暑翠绿欲滴，秋天漫山红遍，冬天滴水成冰。萝卜白菜各有所爱，东北旅游，四季各有千秋。

331 国道经长白由西南折向北行，穿越"五十岗"（长松隧道），就进入了松花江流域，经长白山环山线一直到安图县二道白河镇，这段路被有经验的自驾旅行者们称为"中国最美环山大道"。

据专家研究，长白山是世界三大粉雪基地之一，粉雪的结晶程度、蓬松度、软硬度非常适合滑雪运动。因此，长白山也是国内滑雪场分布相当集中的区域，从初级的练习雪场，到可以承办世界级比赛的专业雪场应有尽有。过去南方人最恐惧的零下二三十摄氏度的东北冬天，现在却成了旅游旺季。

早春三月，在 331 国道 1032K+110 路标处停车驻足，可极目远眺长白山巅的皑皑白雪。平原上已经冰消雪融，但海拔在 1000 米以上的这里还是一片银白。不过毕竟春的脚步来了，气温虽还在零下，体感却很舒适。

路北侧，一条林中小道上覆盖着厚厚的积雪，深深浅浅踩踏出来的脚印旧痕尚存，旁边还伴随着两三种新鲜的大型动物的脚印，可能是野猪、黑熊或者马鹿留下的。好在不知名的小鸟已经在附近的枝头上鸣叫，缓解了紧张的氛围。徒步约 500 米后，林木四散退去，眼前

金华岗上，东北人喜爱的"五花山"
和秋季一起降临

金华岗风光带属于高山草原风光带，山上牛羊成群，春天金达莱花、杏花、梨花次第盛开，夏天有草原风光，秋天变为"五花山"，冬天则是一派北国风光，千里冰封，雪覆盖了山野。图为秋天的金华岗，正是东北人所称道的"五花山"，山上的植被有的还保持着绿意，有的则转红、转黄，呈现出绚丽夺目的多种色彩，煞是好看。

霍然出现一个冰雪覆盖的大"圆盘"，周遭边沿长满了乌拉草、芦苇、小叶杜鹃等植物。洁白的雪地里，发黄的草茎曼妙地在风中摇曳，它们已经完成了自己的生命轮回，却依然呼应着春天的气息。

眼前这个冰雪大"圆盘"，就是大名鼎鼎的圆池，在今延边朝鲜族自治州安图县境内。正所谓"山不在高，有仙则名，水不在深，有龙则灵"，这里流传着一个神话传说，属于历代王朝初始的舆论准备。传说中，三位仙女姐妹来圆池野浴，恰好天上飞来一只鸟，嘴里衔着一颗红果，看见有人在下边洗浴，一张嘴，红果掉落了下去，落在了三妹佛库伦的裙子上。佛库伦洗浴完毕上岸，看见裙子上有颗红果，觉得好玩，就放进嘴里，谁知咕噜一声，红果溜进了佛库伦肚里。穿戴完毕，三位仙女准备

331国道吉林段示意图

331国道：与江流为邻

鸭绿江上至今有放排人的身影

上图为鸭绿江上的放排人。有记载以来，鸭绿江上放排一直延续到近年，已有200余年的历史，这可能是现在世界上都比较罕见的放排作业了。鸭绿江是中国和朝鲜的界河，中国一侧是长白山龙岗山脉，朝鲜一侧是盖马高原和狼林山地，抗美援朝战争中著名的长津湖战役就发生在狼林山地。

升天回家，佛库伦却怎么也飞不起来了，她怀孕了，生下的男孩即清始祖布库里雍顺。这个传说强调的是：清朝的老祖宗不是凡人，而是"上天之子"。

光绪三十四年（1908年），有明文记载的中国考察长白山第一人、安图县第一任知县刘建封受命踏查长白山，他来到圆池，在其著作《长白山江冈志略》中写道："天女浴躬处，实为本朝发祥地。"

踏着厚厚的积雪，沿着圆池边缘转一圈需要花一个多小时。据说圆池水不甚深，最深也就1.5米左右，但人行其间，确有渺小之感。可能周围有参天大树映衬，人倍感无力；也可能是圆池远离人间烟火，让人感到神秘。如果不是331国道，圆池恐怕要继续低调和神秘下去了。

"洋流"和"山流"造就了富饶的图们江谷地

图们江在珲春市敬信镇防川村"一眼望三国"附近流入日本海，日本海的海洋性气候也影响着图们江峡谷的气候和人文。331国道从安图县双目峰到和龙市崇善镇段，现在还有百余公里是没有村落的边境无人区，因此边境检查也十分严格。

20世纪80年代以前，图们江上，中朝两国都有"放木排"的传统和航运作业。中国一侧的东北重要国企，如开山屯化学纤维浆厂、图们石岘造纸厂需要的部分原材料，曾经都通过图们江水运供应。

有经常往返于331国道图们江峡谷通道的旅行者，发现了一件有趣的事，图们江南岸富含铁矿、铜矿，如在和龙"茂山观景平台"眺望到的朝鲜青年铜矿，规模巨大。

331国道进入图们江峡谷通道，又与图们江最大的支流海兰江以及布尔哈通河、密江、珲春河、红旗河等河流相遇。勤劳、奔放、能歌善舞的朝鲜族人民在这里开拓了东北亚最富庶活跃的区域之一。

上天村就坐落在图们江与支流红旗河交界处的火山熔岩台地上，在村西头的高岗上俯视

长白山的皑皑白雪
是众多滑雪者梦中的天堂

是山之幸也是路之运，331国道吉林段绕着长白山的南、西、北三面转，几乎每个制高点都能观赏到长白山的凛凛尊容。摄影/徐书英

来到延吉
体会网红墙的热闹与
中国朝鲜族民俗园的风情

延大网红墙位于延边大学正对面，是集餐饮、娱乐、主题酒店等为一体的综合性城市休闲大厦的外墙。现在的旅行者来到延吉，往往要在夜幕降临的时候，手捧一杯杯壁写着"延吉"的咖啡，在网红墙前拍照留念。

中国朝鲜族民俗园是延吉另一处网红打卡地，由40栋朝鲜族民族风格建筑物组成，其中有9栋朝鲜族百年老宅。民俗园内除了古朴的民居，还有朝鲜族群众喜爱的秋千、跳板、摔跤场等。中国朝鲜族民俗园把朝鲜族民俗文化作为精髓，融入当下旅行者喜爱的时尚元素，开展了如非遗文化体验、百年老宅游赏、朝鲜族服饰拍照等众多游玩项目。

摄影／王彤

红旗河峡谷，谷底与台地的落差近百米。1953年，在当时的生产力条件下，一个可以称为奇迹的宏伟工程开工了，仅仅1年时间，"倒虹吸"工程完工，实现了人们"引水上山岗"的梦想。在这个工地劳动的和龙县文工团词曲作者韩允浩、金凤浩创作出了久唱不衰的经典歌曲《红太阳照边疆》。

2017年，《中国国家地理》在吉林专辑中提到了"吉林新三宝"，将和龙、龙井、延吉的晾晒明太鱼列入其中。有人询问为什么晾晒明太鱼集中在这里，因为黑龙江太冷了，晾晒明太鱼口感太硬，辽宁气温有点高，明太鱼口感太软，只有吉林晾晒的明太鱼口感不软不硬，以至于韩国、日本有些"嘴刁"的食客，一上口就能吃出来是不是图们江河谷晾晒的明太鱼。这个优势全拜自然所赐，图们江峡谷在和龙、龙井、延吉形成了峡谷中的谷地，长白山下来的冷气流与日本海上来的暖气流在此相遇，令谷地冷暖相宜。这一片河谷地带，冬天基本不下很大的雪，适合明太鱼的晾晒。

这片区域以延吉市为中心，辐射周边的和龙、安图、汪清、图们、珲春等地，形成了一个东北亚旅行热度居高不下的区域。延吉的冷面、街拍、网红墙，和龙、龙井的金达莱民俗村、明太鱼，图们月晴的朝鲜族百年部落，等等，已经成了大江南北旅行者向往的目的地。

珲春更是331国道上一颗璀璨的明珠，几十年来，联合国开发计划署一直关注着这个地方。

从黑顶子到沙草峰，
如果没有吴大澂，
现在的"一眼望三国"将后退14里

从珲春市城区一路向东到敬信镇。

敬信镇地处图们江北岸敬信湿地南端，敬信湿地面积8000多公顷，是图们江造就的冲积平原。在地上平视，敬信湿地仿佛一马平川，无险可守，但从高空俯瞰，会让人打一个激灵，湿地南面是天险图们江，西、北面是大三角山、小三角山、黑顶子、土门口、大五家山、小五家山、老龙山等群山起伏绵延环抱，东边是日本海，图们江在这里入海。图们江南岸是朝鲜，上述群山山脊线北侧是俄罗斯。这样一个险要之地，数百年来一直就是地缘政治利益相关方关注的热点。如今，凡是登上龙虎阁"一眼望三国"和眺望日本海的中国游客，无不击掌扼腕"往事不堪再回首"，但是，有谁会想到，在一百多年前，如果不是一个人，我们今天"一眼望三国"的地方，将后退14里。这个人就是民族英雄吴大澂。光绪十一年至十二年（1885—1886），晚清已是风雨飘摇，吴大澂

率团与沙俄进行艰难谈判，据理力争，迫使沙俄归还了黑顶子地区，将彼时的中俄边界沿图们江北岸向前推进14里，从黑顶子到沙草峰，重立"土"字牌，争得图们江口出海权。

当年的黑顶子，就是现在的敬信镇金塘村后面的一个山包，因山体常年呈黑青色而得名。如果你有机会登上龙虎阁，向西北方向眺望，2000米左右距离的那座山包，就是张鼓峰，山脊线是中俄边界线，"巡逻道"清晰可见，紧挨着张鼓峰西侧的大一些山包，就是沙草峰。

10年前，我曾采访过金塘村村民张永禄，2024年9月30日，我再一次来到金塘村寻访，

龙虎阁"一眼望三国"
敬信湿地，沉甸甸的历史回忆

1886年，吴大澂代表清政府在岩杵河与俄国代表就边境划分进行谈判。吴大澂为此次谈判做了充分的准备，查阅《中俄北京条约》，并从中找到了有力的依据，据理力争，最终驳回了俄方的无理要求，成功收回了当时被沙俄占领的失地——黑顶子，也就是现在吉林省敬信镇的周围地区。下图中远处可见"巡逻道"的山包为张鼓峰，紧挨着它西侧的是沙草峰，图右湖泊是俄罗斯哈桑湖。右图摄影／常克永　下图摄影／赵春江

沙草峰　张鼓峰　哈桑湖　图们江

图们江蜿蜒向海

图们江带着吉林人的蓝海梦，奔向大海，从空中俯瞰，
最耀眼的莫过于那一抹蔚蓝的海岸线。摄影／赵春江

此时正是大地忙秋季节，村里只看见一个在拾掇院子的大姐，一问，并不了解村里的情况。来到村部，门开着，也没有人，正要离开，一辆农用三轮车开进院里，我问："兄弟，你知道村里有个叫张永禄的老人吗？"他说："那是我父亲啊！"这真是太巧了，我说："老人还好吧？"他说："身体还行，87岁了，地里的活儿干不了了，园子里的活儿还行。"这位张永禄老人，小时候与爷爷、父亲一起，"跑过崴子"，去日本海打鱼，亲眼见过日本关东军溃败灭亡，可谓黑顶子的活历史了。

图们江下游渔民打鱼及入日本海捕鱼，明清史志皆有记载，珲春就流传着"跑崴子"的历史，从珲春到海参崴，历史上有一条渔民出海的陆上通道和商业贸易的往来商道。图们江中国一侧的防川村，现有10户人家下江捕鱼，他们被称为"图们江上最后的渔民"。现在，

虽然渔业资源波动不定，但鱼的价格一直走高，一条雌性带卵大马哈鱼可以卖到260元，雄性的也能卖到140元一条，大马哈鱼4年才能洄游至出生地产卵，它们洄游的季节，国家密江大马哈鱼孵化放流站（基地）会以合理的价格收购大马哈鱼。90后防川村党支部书记、村主任金雄说："防川村有41栋民宿，其中13栋租给旅游投资公司，租户每月可以得到1000元的固定收入，其他自住或自营。有10户渔民每年从5月到10月底下江打鱼。村集体在出租宾馆酒店和养牛等副业中得到的分红和收入，其中大头分给村民，小头用作集体福利及村设施建设维护。"

331国道通过的区域，自驾的车轮络绎不绝。一路上中朝边境的神秘与精彩、历史与现实的交织，让人心醉神迷。

（原载于《中国国家地理》2024年第5期）

国家区块链＋版权创新应用

·可信数字版权生态示范项目·

———————— ·读者须知· ————————

　　本书已接入可信版权链正版图书查证溯源交易平台，"一本一码、一码一证"。扫描上方二维码，您将可以：

　　1. 查验此书是否为正版图书，完成图书记名，领取正版图书证书。

　　2. 领取吉林人民出版社赠送的购书券，可用于在版权链书城购买吉林人民出版社其他书籍。

　　3. 领取数字会员卡，成为吉林人民出版社读者俱乐部会员。

　　4. 加入本书读者社群，有机会和本书作者、责任编辑进行交流。还有机会受邀参加本社举办的读书活动，以书会友。

　　5. 享受吉林人民出版社赠予的其他权益（通过读者俱乐部进行公示）。